为人处世

名句中国丛书·玖

吴礼权 编著

暨南大学出版社
JINAN UNIVERSITY PRESS

中国·广州

图书在版编目（CIP）数据

为人处世／吴礼权编著. —广州：暨南大学出版社，2014. 7
（名句中国丛书）
ISBN 978 - 7 - 5668 - 0658 - 1

I. ①为… II. ①吴… III. ①名句—汇编—中国 IV. ①H136. 3

中国版本图书馆 CIP 数据核字（2013）第 154106 号

出版发行：暨南大学出版社

地　址：	中国广州暨南大学
电　话：	总编室（8620）85221601
	营销部（8620）85225284　85228291　85228292（邮购）
传　真：	（8620）85221583（办公室）　　85223774（营销部）
邮　编：	510630
网　址：	http：//www. jnupress. com　http：//press. jnu. edu. cn

排　版：	广州良弓广告有限公司
印　刷：	佛山市浩文彩色印刷有限公司

开　本：	890mm×1240mm　1/32
印　张：	5. 375
字　数：	125 千
版　次：	2014 年 7 月第 1 版
印　次：	2014 年 7 月第 1 次

定　价：	13. 50 元

（暨大版图书如有印装质量问题，请与出版社总编室联系调换）

前　言

吟安一个字，捻断数茎须。（唐·卢延让《苦吟》）

二句三年得，一吟双泪流。（唐·贾岛《题诗后》）

名句，特别是那些历久不衰、传诵不绝的经典名句，既是作者千锤百炼的思想成果，更是中华民族悠久文化的精华之浓缩，很是值得我们仔细玩味。因为我们可以从中汲取有益的精神营养，增加人生智慧，得到为人处世的人生启发，获取精神心灵的慰藉，由此开创我们健康、快乐、积极、向上的美好人生。

工欲善其事，必先利其器。（先秦《论语·卫灵公》）

道虽迩，不行不至；事虽小，不为不成。（先秦《荀子·修身》）

生于忧患，而死于安乐也。（先秦《孟子·告子下》）

大行不顾细谨，大礼不辞小让。（汉·司马迁《史记·项羽本纪》）

临渊羡鱼，不如退而结网。（汉·班固《汉书·董仲舒传》）

成大功者不小苛。（汉·刘向《说苑·政理》）

　　读一读这些充满哲理睿智的先贤名言，对我们今天如何为人处世，相信会启发多多、获益无穷的。

　　中国自古便有一句老话："人生不如意事常八九。"现实生活并不是诗词歌赋，更不会事事都充满诗情画意。因此，在现实生活中遭遇种种的人生挫折，那是"司空见惯浑闲事"。假如在人生的道路上遇到挫折，我们是否就此一蹶不振、意志消沉下去呢？

　　天行健，君子以自强不息。（先秦《周易·乾》）

　　长风破浪会有时，直挂云帆济沧海。（唐·李白《行路难》）

　　天生我材必有用，千金散尽还复来。（唐·李白《将进酒》）

　　读一读先贤的这些经典名言，相信我们定能由此振作起来，重新燃起希望之火，顿起奋发进取之志。

　　有奋发进取的国民，才会有奋发进取的民族。中华民族之所以生生不息，中华文化之所以源远流长，正是因为我们自古以来就不乏仁人志士。

　　如欲平治天下，当今之世，舍我其谁也？（先秦《孟子·公孙丑下》）

　　老骥伏枥，志在千里；烈士暮年，壮心不已。（汉·曹操《步出夏门行·龟虽寿》）

　　心懔懔以怀霜，志眇眇而临云。（晋·陆机《文赋》）

　　会当凌绝顶，一览众山小。（唐·杜甫《望岳》）

丈夫贵兼济，岂独善一身。（唐·白居易《新制布裘》）

为天地立心，为生民立命，为往圣继绝学，为万世开太平。（宋·张载《近思录拾遗》）

读一读这些气壮山河、豪迈超逸的传世名言，相信我们每一个人都会由此洞悉中华民族之所以伟大、中华文化之所以渊博的内在原因。

一个民族之所以成为一个民族，那是因为有一种民族精神。中华民族之所以成为中华民族，中华民族之所以在历经无数苦难之后仍然屹立不倒，并不断自强崛起，那是因为中华民族自古以来就有无数以国家天下为己任、舍身报国、爱国忘家的优秀儿女。

路漫漫其修远兮，吾将上下而求索。（先秦·屈原《楚辞·离骚》）

匈奴未灭，何以家为也！（汉·司马迁《史记·卫将军骠骑列传》）

捐躯赴国难，视死忽如归。（三国魏·曹植《白马篇》）

鞠躬尽瘁，死而后已。（三国蜀·诸葛亮《后出师表》）

风尘三尺剑，社稷一戎衣。（唐·杜甫《重经昭陵》）

黄沙百战穿金甲，不破楼兰终不还。（唐·王昌龄《从军行七首》）

先天下之忧而忧，后天下之乐而乐。（宋·范仲淹《岳阳楼记》）

位卑未敢忘忧国。（宋·陆游《病起书怀》）

人生自古谁无死，留取丹心照汗青。（宋·文天祥《过零

丁洋》）

风声、雨声、读书声，声声入耳；家事、国事、天下事，事事关心。（明·顾宪成为无锡东林书院所题联语）

苟利国家生死以，岂因祸福避趋之。（清·林则徐《赴戍登程口占示家人》）

天下兴亡，匹夫有责。（清·顾炎武《日知录·正始》）

读一读上面这些掷地有声的报国誓言、爱国心声，我们不难窥见中华民族之所以能够绵历数千年而生生不息、历久弥新的原因所在。

有爱国之心、报国之志，固然难得；而有治国安邦之才、济世爱民之情，则更为难得。中华民族之所以生生不息，并不断从苦难中站起来，那是因为我们历来不乏治国之能臣、安民之才俊。

居安思危，思则有备，有备无患。（先秦《左传·襄公十一年》）

为之于未有，治之于未乱。（先秦《老子》第六十四章）

仓廪实则知礼节，衣食足则知荣辱。（先秦《管子·牧民》）

政之所兴，在顺民心；政之所废，在逆民心。（先秦《管子·牧民》）

国虽大，好战必亡；天下虽安，忘战必危。（先秦《司马法·仁本》）

家有常业，虽饥不饿；国有常法，虽危不亡。（先秦《韩非子·饰邪》）

公正无私，一言而万民齐。（汉·刘安《淮南子·修务训》）

世不患无法，而患无必行之法。（汉·桓宽《盐铁论·申韩》）

民之所好，好之；民之所恶，恶之。（汉·戴圣《礼记·大学》）

求贤如饥渴，受谏而不厌。（晋·陈寿《三国志·吴书·张纮传》）

服民以道德，渐民以教化。（宋·欧阳修《三皇设言民不违论》）

兼听则明，偏信则暗。（宋·司马光《资治通鉴》载唐太宗语）

为政之要，曰公曰清。（宋·林逋《省心录》）

听一听这些先贤治国安邦的心得，分享他们济世安民的成功经验，今天身为人民公仆的干部一定能从中学习、领悟到不少东西；于其执政能力、行政能力的提高，也会助益多多。

治国安邦之才，经世致用之能，并不是先天所生就，而是要通过后天的学习教育。而今，世界已经进入"知识经济"时代，不接受教育、不读书或者说不会读书，都会被时代淘汰。

学而不思则罔，思而不学则殆。（先秦《论语·为政》）

玉不琢不成器，人不学不知道。（汉·戴圣《礼记·学记》）

学，然后知不足；教，然后知困。（汉·戴圣《礼记·

学记》)

少则习之学,长则材诸位。(汉·班固《汉书·董仲舒传》)

业精于勤荒于嬉,行成于思毁于随。(唐·韩愈《进学解》)

纸上得来终觉浅,绝知此事要躬行。(宋·陆游《冬夜读书示子聿》)

循序而渐进,熟读而精思。(宋·朱熹《读书之要》)

对于"为何学习"、"如何学习",先哲前贤都提出了精辟的见解。读了上述教诲,相信今天的我们定能"心有戚戚焉",对学习的意义与学习的方法的认识也会更加深刻的。

其实,先贤留下的名言名句,不仅极大地丰富了我们中华文化,对中国人的思想发展、人生观的确立等有着重要的影响,同时也对中国人心灵的陶冶与精神的慰藉为功不小。

余霞散成绮,澄江静如练。(南朝齐·谢朓《晚登三山还望京邑》)

白日地中出,黄河天外来。(唐·张蠙《登单于台》)

大漠沙如雪,燕山月似钩。(唐·李贺《马诗二十三首》)

大漠孤烟直,长河落日圆。(唐·王维《使至塞上》)

千里莺啼绿映红,水村山郭酒旗风。(唐·杜牧《江南春》)

日出江花红胜火,春来江水绿如蓝。(唐·白居易《忆江南》)

江流天地外,山色有无中。(唐·王维《汉江临眺》)

三山半落青天外，一水中分白鹭洲。（唐·李白《登金陵凤凰台》）

楚塞三湘接，荆门九派通。（唐·王维《汉江临眺》）

疏影横斜水清浅，暗香浮动月黄昏。（宋·林逋《山园小梅》）

烟柳画桥，风帘翠幕，参差十万人家。（宋·柳永《望海潮》）

读一读这些描写塞外、江南自然风光的诗句，相信我们都会油然而生对祖国大好河山的无限热爱之情。

白日依山尽，黄河入海流。（唐·王之涣《登鹳雀楼》）

横空过雨千峰出，大野新霜万叶枯。（唐·耿湋《九日》）

远山芳草外，流水落花中。（唐·司空曙《题鲜于秋林园》）

明月松间照，清泉石上流。（唐·王维《山居秋暝》）

柳色黄金嫩，梨花白雪香。（唐·李白《宫中行乐词八首》）

星垂平野阔，月涌大江流。（唐·杜甫《旅夜书怀》）

春色满园关不住，一枝红杏出墙来。（宋·叶绍翁《游园不值》）

风吹梅蕊闹，雨细杏花香。（宋·晏几道《临江仙》）

蕉叶半黄荷叶碧，两家秋雨一家声。（宋·杨万里《芭蕉雨》）

浮天水送无穷树，带雨云埋一半山。（宋·辛弃疾《鹧鸪天》）

一年湖上春如梦,二月江南水似天。(元·迺贤《次段吉甫助教春日怀江南韵》)

水流曲曲树重重,树里春山一两峰。(清·郑燮《潍县竹枝词》)

读一读这些描写山水花木的诗句,相信我们都会顿生"清风明月本无价,近水远山皆有情"的情感共鸣,在观照自然万物中得到心灵的净化。

目送归鸿,手挥五弦。俯仰自得,游心太玄。(三国魏·嵇康《赠兄秀才从军十八首》)

石栏斜点笔,桐叶坐题诗。(唐·杜甫《重游何氏五首》)

松风吹解带,山月照弹琴。(唐·王维《酬张少府》)

独立小桥风满袖,平林新月人归后。(南唐·冯延巳《鹊踏枝》)

欲归还小立,为爱夕阳红。(宋·陆游《东村》)

东篱把酒黄昏后,有暗香盈袖。(宋·李清照《醉花阴》)

题诗石壁上,把酒长松间。(元·倪瓒《对酒》)

闲窗听雨摊书卷,独树看云上啸台。(清·吴伟业《梅村》)

读一读这些诗句,相信我们会尘虑顿消。而对照于古人的生活情趣与潇洒的人生态度,相信今日忙忙碌碌的我们都会惭愧不已,不得不对自己的人生态度进行深刻的反省。

这套名曰"名句中国"的小丛书,虽本意在于通过对一万余条中国古代经典名句意蕴的剖析,为人们的读写实践指点迷津，并提供"引经据典"的参考方便；但在名句意蕴解构的过程中，读者也许可以由此及彼而对博大精深的中国传统文化有个"管中窥豹"的粗略印象。"一滴水能折射出太阳的光辉。"透过名句，我们虽然不敢说能由此窥见博大精深的中国文化的深度，但最起码会给大家留下一点"浮光掠影"式的印象。

吴礼权

2008 年 4 月 8 日记于复旦园

凡 例

一、本丛书共收中国历代经典名句一万余条。入选的各名句，一般都是编者通过现代科技手段与互联网技术，在认真调查了其引用频率的基础上精选出来的。

二、本丛书所收名句依据特定的标准，共分为十二大类。每一大类又细分为若干小类。每一小类所收辞目，根据实际情况和"宁缺毋滥"的原则而多少不等。

三、辞目的编排，每一小类内的辞目编排顺序依据每一个辞目（即每一个名句）的第一个字的汉语拼音顺序依次编排。相同字头的辞目都集中于一起，排于其特定的音序位置上。第一个字与第二个字都相同的辞目，也依上述原则集中于一起，排于其特定的音序位置上。

四、每个辞目的编写体例是：首先列辞目（即名句），其次是"注释"，最后是"译文"和"点评"（句义没有难解之处，则没有译文）。即"辞目—注释—译文/点评"。

五、辞目的长度，一般是一句或两句。少数辞目考虑其意义的整体性，可能是三句、四句或更多。

六、注释的文字，包括名句的出处、生僻字词注音、难解字词的词义解释、古代汉语特殊句法结构的语法说明等四个部分。名句出处的标注，包括时代、作者、书名或篇名。成书时代难以确定的，则付之阙如。秦代以前的作品，统一以"先秦"概括，不细分为夏、商、周、春秋、战国等。这是考虑到有些作品的成书只能确定其大致时间，而难以具体指明何年何代，如《诗经》、《周易》、《尚书》等。作者不能确定的，也付之阙如。如《论语》、《孟子》等，并非孔子、孟子自己所编定，而是由他们的弟子或后人编定的，就不便注明作者。还有些作品是大家非常熟悉的，书名本身就表明了作者，则也不注明作者，如《老子》、《庄子》等。如果所引名句是著作中的，则注明书名和篇名或章节名。生僻字的注音，以汉语拼音方案的拼写规则标注声、韵、调。

七、译文／点评的文字，根据不同情况有不同的表现形式。主要有：①句意难于理解的，先列出白话译文，或是进行句意串讲，然后再对其内容进行阐发。②句意易于理解的，则略去译文或句意串讲，直接进行内容的阐发、点评。③有些名句运用到特定修辞方式的，则明确予以指出，并说明其表达效果。④有些写景的名句，不便用编者自己的观点框定读者，就以概括句意的形式简洁点拨，以便读者作"仁者见仁，智者见智"的解读发挥。⑤有些名句的语意后世在使用中发生语义变化的，则予以说明。⑥有些名句可以引申运用的，则予以说明。

八、《文学艺术》卷注有本丛书的条目索引，索引按照汉语拼音的音序排列，读者可以方便迅速地查阅到相关条目。

目　录

为人处世

爱而知其恶，憎而知其善。

【注释】出自汉·戴圣《礼记·曲礼上》。

【译文/点评】爱一个人而知道他的不足，憎恨一个人而知道他的长处。此言对人要客观，不能因为感情因素而混淆是非标准。

爱人者必见爱也，而恶人者必见恶也。

【注释】出自先秦《墨子·兼爱下》。见，被。也，句末语气助词。

【译文/点评】爱别人的人，一定会被别人爱；不爱别人的人，别人也不会爱他。此言人与人的关系是互动的，爱憎感情正是互动的结果。

爱人者人常爱之，敬人者人常敬之。

【注释】出自先秦《孟子·离娄下》。

【译文/点评】关爱别人的人，别人也会经常关爱他；敬重他人的人，他人也会经常敬重他。此言人际关系是互动的，敬爱别人才能赢得别人的敬爱。

敖不可长，欲不可从，志不可满，乐不可极。

【注释】出自汉·戴圣《礼记·曲礼上》。敖，通"傲"。从，通"纵"。

【译文/点评】骄傲的情绪不可滋长，贪婪的欲望不可放纵，立志不可太大，快乐不可过头。此言为人处世要把握分寸，要有节制，以适度为宜。

邦有道，危言危行；邦无道，危行言孙。

【注释】出自先秦《论语·宪问》。邦，诸侯之国叫"邦"，此指国家。有道，指政治清明。危，直、正直。无道，指政治黑暗。孙，同"逊"，即谦虚，此指说话婉转。

【译文/点评】国家政治清明，言行都可正直不隐讳；国家政治黑暗，那么行为可以正直，但说话一定要注意婉转。这是孔子谈"为政之道"的话，意思是说在官场上应该审时度势，要善于自保。可见，孔子颇懂官场世故，不是迂夫子。用今天的话来说，就是"好汉不吃眼前亏"，搞政治也要放眼长远，不作无谓的牺牲，留得有用之身，好为万民造福。

奔车之上无仲尼，覆舟之下无伯夷。

【注释】出自先秦《韩非子·安危》。奔车之上、覆舟之下，指极其危险的地方。仲尼，孔子。伯夷，商朝末年孤竹国的王位继承人，为让君位而逃隐。

【译文/点评】狂奔逃亡的车上不会有孔子这样的人，翻船之中不会有伯夷之类的人。此言明智有预见、头脑清醒的人能够防患于未然，不会面临困境才手忙脚乱，疲于应付。

必得之事，不足赖也；必诺之言，不足信也。

【注释】出自先秦《管子·形势》。必，一定。也，句末语气助词，帮助判断。

【译文/点评】自认为一定能做成的事，往往是靠不住的；答应一定会做到的话，未必就能相信。此言做事要务实、诺言要慎出。

必有忍，其乃有济；有容，德乃大。

【注释】出自先秦《尚书·君陈》。必，一定。其，指示代词。乃，才。济，渡河，此指成功。

【译文/点评】一个人一定要有忍耐之功，才能有成功的希望；一个人一定要有包容的心态，道德才能发扬光大。此言"忍"是事业成功的关键，"容"是道德修炼的法宝。可谓言之有理。因为能够容忍，就能渡过难关，迎来新的机遇，从而咸鱼翻身。俗语"留得青山在，不怕没柴烧"，说的正是这个道理。处于困境之中而不能容忍，只能鱼死网破、同归于尽，岂有未来的成功？因为能够包容，才能平心静气地对待别人的言行，认真思考其合理性，有则改之，无则加勉。如此，自然有益于修身养性，使自己的道德修养臻至一个新的高度。

不聪不明不能王，不聩不聋不能公。

【注释】出自先秦《慎子·内篇》。聩（gǔ），眼瞎。公，阿公，指一家之主。

【译文/点评】此言做帝王要聪明，要明辨大是大非；但是，做一家之主，则要糊涂点。意谓主持家政要善于"和稀泥"，对家庭纠纷要装聋作哑，不要太较真。否则，就会激化家庭矛盾，反而治不好家。

不念旧恶，怨是用希。

【注释】出自先秦《论语·公冶长》。念，记。旧恶，旧仇。是用，因此。希，少。

【译文/点评】不记别人的旧仇，因此别人对他的怨恨也少。这是孔子赞扬商朝的两个贤人伯夷、叔齐人品高尚的话，但也由此提出了一个为人处世的原则：为人应当宽大为怀，与他人方便，也就是与己方便。否则，冤冤相报，对人对己皆有害无益。

不怕官，只怕管。

【注释】出自明·施耐庵《水浒全传》第二回。

【译文/点评】此言与俗语"不怕县官，就怕现管"意义相同，是说下属与他的直接上司有着最为直接的隶属关系与利害关系。意在告诉人们这样一个人情世故：千万别得罪直接领导。

不为不可成，不求不可得。

【注释】出自先秦《管子·牧民》。为，做。可，能。

【译文/点评】不行动，事情就成不了；没有追求，就无所得。此言"一分耕耘一分收获"、勇于行事才能成功的人生道理。

不在其位，不谋其政。

【注释】出自先秦《论语·泰伯》。其，指示代词，那、那个。谋，考虑。政，政事、事情。

【译文/点评】不在那个职位上，就不要考虑那个职位应做的政事。这是孔子对于从政的态度。虽然带有一些"事不关己，高高挂起"的消极情绪，但从另一个角度看，也有其积极意义。这就是各人谨守本分，做好自己的事，别越位添乱。

不知而言，不智；知而不言，不忠。

【注释】出自先秦《韩非子·初见秦》。

【译文/点评】不知道而说，那是不明智的表现；知道而不说，那是不忠心的表现。此言知而言才是智者、忠者。意谓不懂装懂、有话不说都不是智者、忠者之所为。

不知有汉，无论魏晋。

【注释】出自晋·陶渊明《桃花源记》。汉，汉朝。无论，更不要说。

【译文/点评】此写桃花源中之人与世隔绝，消息不通。后来引申为一个人消息不灵通或跟不上时代发展步伐。

不足为外人道也。

【注释】出自晋·陶渊明《桃花源记》。不足，不足以。为外人道，跟别人说。也，句末语气助词。

【译文/点评】此乃桃花源人对误入其中的捕鱼者临别前的叮嘱之言。后世引申为某些事不必向不知情的人或外人透露。

不作无补之功，不为无益之事。

【注释】出自先秦《管子·禁藏》。功，指事情，工作。

【译文/点评】不做无补于事的事情，不做毫无意义的事情。此言做事应当有益于事功，用今天的话来说，就是不做无用之功而徒费精力。

采善不愈其美，贬恶不溢其过。

【注释】出自汉·王充《论衡·感类》。采善，指称赞。愈、溢，都是"超过"之义。

【译文/点评】称赞别人的好处不要夸张过分，批评他人之错不要言过其实。此言无论是称赞或批评别人都要实事求是。

藏器于身，待时而动。

【注释】出自先秦《周易·系辞下》。器，指才能。

【译文/点评】此言做人要先练就一身过硬的本领，等时机到了再采取行动，有所作为。否则，没有本领，机会来了也没法抓住。用哲学的观点看，才能是内因，机遇是外因，外因要通过内因才能发挥作用。

差若毫厘，谬以千里。

【注释】出自汉·戴圣《礼记·经解》。若，像。毫厘、千里，都是夸张的说法，前者是缩小夸张，强调差别之小；后者是扩大夸张，强调差别之大。谬，错误。

【译文/点评】开始时虽仅相差一点点，结果却铸成大错。此言君子"慎始"的道理，强调为人处世从一开始就要认真谨慎。

成事不说，遂事不谏，既往不咎。

【注释】出自先秦《论语·八佾》。成事，已经过去的往事。遂事，已经完成的事。既往，已经过去的事。咎，怪罪。

【译文/点评】过去的往事就不必再加评说了，已经做完的事也就别再劝谏了，已经过去的事情也别再怪罪追究了。这是孔子回答学生宰我的话，其意思用今天的话来说就是：凡事应当着眼于未来，不必纠缠于过去。这种豁达的态度与超脱的眼光，今天看来还是非常值得我们敬佩的。我们今天常挂在嘴边的"既往不咎"、"着眼未来"的话，都是源于此。

成事在理不在势，服人以诚不以言。

【注释】出自宋·苏轼《拟进士对御试策》。势，指权势。言，指花言巧语。

【译文/点评】此言做人做事应当实在、诚恳。

乘人之车者载人之患，衣人之衣者忧人之忧，食人之食者死人之事。

【注释】出自汉·司马迁《史记·淮阴侯列传》。载，指分担。患，祸患。衣人之衣，穿了他人衣服，第一个"衣"名词作动词使用。食人之食，吃了他人食物，第一个"食"当动词用。死人之事，为他人的事而死。

【译文/点评】乘了他人的车，就要与他人共担祸难；穿了他人衣服的，就应当以他人之忧为忧；吃了他人食物的，就应当为他人的事舍身勇赴。此言做人应该知恩图报，要有感戴他人恩惠之心。

仇无大小，只怕伤心；恩若救急，一芥千金。

【注释】出自明·吕坤《续小儿语》。芥（jiè），小草。一芥，喻指极小。

【译文/点评】此言仇恨不论大小，都会让人难以释怀；而施恩就像是救人急难，哪怕微不足道，也会被人珍视而感激不已。其意是劝人千万别结仇，做人务须多施恩。

处世忌太洁，至人贵藏辉。

【注释】出自唐·李白《沐浴子》。至人，道德完美的人。

【译文/点评】为人处世不能过于超俗，过于洁身自好只能自闭其身；有高尚的品德固然好，但也要知道藏起几分，不要显得太与众不同，否则便会遭人嫉妒而陷自己于孤立之中。李白的这番道理可谓讲得非常精辟，可惜他自己恰恰没做到，所以一生贫困潦倒，郁郁不得志，最终因水中捞月而身亡。

传闻之事，恒多失实。

【注释】出自南朝宋·范晔《后汉书·臧宫传》。恒，永远。

【译文/点评】此言传闻之事永远不可信。意在劝人重事实，少轻信传言。

船到江心补漏迟。

【注释】出自元·关汉卿《救风尘》第一折。

【译文/点评】此以江心补船为喻，形象地说明了做事没有计划、不预先做准备而"临时抱佛脚"的危害性。

此处不留人，自有留人处。

【注释】出自南朝陈·陈叔宝《戏赠沈后》。

【译文/点评】此言本是南朝陈后主陈叔宝跟其皇后说的夫妻戏谑语，意思是"你不跟我睡，我去跟别的妃子睡"。后引申泛化为人不必局限于某一处的意思，与俗语所说"不必一棵树上吊死"同义。意在劝人眼界应该放宽，在不得已的情况下可以另谋出路。

从风暂靡草，富贵上升天；不见山巅树，摧杌下为薪。

【注释】出自汉·乐府古辞《箜篌谣》。从风，顺着风。靡，倒下。摧杌（wù），摧折倒下。薪，柴薪。

【译文/点评】一阵狂风吹过，有的草随风而暂时倒下，有的则随风吹上了天；高高挺拔于山巅之上的树，虽可傲视他树，但一旦被风摧折而倒下，也就只能被当作柴薪烧掉而已。此乃以草、树为喻，说明了这样一个为人之道：为人低调，甘沉底层，可以远离危险；反之，风光一时，结局悲惨。此言与俗语"出头的椽子先烂"，讲的都是同一种做人的道理。

大德不逾闲，小德出入可也。

【注释】出自先秦《论语·子张》。大德，指道德上的大节。逾，超过。闲，本指栅栏、养马的圈，此指界限。小德，指道德上的小节。出入，不一致、偏离。也，句末语气助词。

【译文/点评】在道德的大节上，不能超过界限；在小节上稍微有些偏离，倒是允许的。这是子夏谈坚持原则与适当权变的关系，体现了儒家思想既讲究理想的执着追求精神，又善于适应形势有所变化的处世精神。今天我们说看人要看大节，做事要着眼于大处，正与此义相同。

大事化为小事，小事化为没事。

【注释】出自清·曹雪芹《红楼梦》第六十二回。

【译文/点评】此乃批评官场"和稀泥"的作风与中国人处事不较真儿的民族通病。

大言不惭，则无必为之志。

【注释】出自宋·朱熹《四书集注·论语·宪问》注语。则，那么、就。必为，一定做。

【译文/点评】说大话而不知惭愧，那么他就不会有一定要做事的志气。此言善于夸口的人，多不是务实之人。

大丈夫相时而动。

【注释】出自清·曹雪芹《红楼梦》第四回。大丈夫，此指有见识的人。相，观察、根据。

【译文/点评】大丈夫根据时机而采取行动。此言有见识的人是不会贸然行事的，而会选择在适当的时机采取行动，以求一举成功。

大丈夫行事，论是非不论利害，论逆顺不论成败，论万世不论一生。

【注释】出自宋·谢枋得《与李养吾书》。大丈夫，此指杰出的人才、人格高尚的君子。

【译文/点评】大丈夫做事，只看事情本身该不该做，而并不考虑行动给自己可能带来的利害；只看事情进展的顺利与不顺利，而并不对成败问题瞻前顾后；只考虑事情的长远效果，关心身后人们的评价，而并不在乎生前别人的物议。此言君子行事为人的崇高境界。

当断不断，反受其乱。

【注释】出自汉·司马迁《史记·齐悼惠王世家》引古语。断，决断。乱，祸乱。

【译文/点评】此言在关键时刻应该作出决断时就要勇于决断，不然机会错过，反而要遭受错失良机后的灾祸。意谓优柔寡断、坐失良机就会后患无穷。

当着矮人，别说矮话。

【注释】出自清·曹雪芹《红楼梦》第四十六回。矮话，指有关矮人的话。

【译文/点评】此言说话做事要谨防触犯了别人的忌讳。

倒持干戈，授人以柄，功必不成，反生乱矣。

【注释】出自明·罗贯中《三国演义》第二回。干戈，古代的武器。授，给。矣，句末语气助词。

【译文/点评】此言要做成一件大事，务须谨慎周密，做事的理由要冠冕堂皇、名正言顺，千万别有把柄落在他人手上。否则，不仅事做不成，还要反受其祸。

道不同，不相为谋。

【注释】出自先秦《论语·卫灵公》。道，指主张、理念。谋，商议、讨论。

【译文/点评】主张与理念不同，不能在一起讨论事情。这是孔子的处世主张，其独立不妥协的精神虽然可贵，但颇有些不合作的意思。在今天这个讲究合作共赢的时代，恐怕有些不合时宜了。正因为主张不同、理念不同，才更要坐下来讨论，明辨是非、正误。不然永远不沟通，主张、理念就永远不同了。不过，从另一个角度看，这种处世态度也有其合理性。因为不跟人争论，就不至于因争论而破坏人际关系，但也不妨碍坚持自己的主张，倒也是一种圆滑的处世之道。

得闭口时须闭口，得放手时须放手。

【注释】出自明·冯梦龙《醒世恒言·小水湾天狐贻书》。

【译文/点评】此言说话做事都要适可而止、留有余地。

得何足喜，失何足忧。

【注释】出自明·罗贯中《三国演义》第十四回。

【译文/点评】成功了，也没什么值得得意高兴的；失败了，也不必忧伤而一蹶不振。此言得不喜、失不忧，对成功、挫折有淡定的态度，才是最高境界的修养。

得饶人处且饶人。

【注释】出自清·曹雪芹《红楼梦》第五十九回。饶，饶恕、宽恕。

【译文/点评】此言做人应当宽容一点。这种处世哲学其实是非常富有智慧的，因为一味得理不饶人、不妥协，势必就会激化矛盾，最终陷己于矛盾的泥潭而不能自拔。反之，对人宽容一些，就可以少树敌，甚至化敌为友，这必然是有益于自己处世为人的。

得言不可以不察。

【注释】出自先秦·吕不韦《吕氏春秋·慎行论·察传》。言,此指传言。

【译文/点评】听到别人的传言,不能不认真察考。此言对于传言要持慎重的态度,切不可轻信。

得意浓时休进步,须防世事多番复。

【注释】出自明·冯梦龙《古今小说·闹阴司司马貌断狱》。番复,反复。

【译文/点评】此言为人处世应当留有余地,不可知进而不知退。这是基于"盛极而衰"、"满则必倾"的哲学思想的处世原则。

德无细,怨无小。

【注释】出自汉·刘向《说苑·复恩》。

【译文/点评】此言施恩德、防仇怨都要从小处注意,注重细节,恩惠再小,也能获取人心;不注重细节,即便小小的怨恨,也可能酿成日后大的祸患。

登高不可以为长,居下不可以为短。

【注释】出自先秦《庄子·徐无鬼》。

【译文/点评】身居高处不要以为自己长得高,立身低处不要以为自己长得矮。此以立足点的高低为喻,说明了这样一个做人的道理:身居高位者不应该自以为是、自高自大,地位卑贱者不应该妄自菲薄、自轻自贱。

鼎之轻重，未可问也。

【注释】出自先秦《左传·宣公三年》。之，的。未可，不能。也，句末语气助词。

【译文/点评】周王九鼎的重量，做臣子的是不能相问的。这是周定王之臣王孙满回答北伐至洛的楚庄王（春秋五霸之一）的话，意在警告楚庄王不要有取代周王地位的非分之心。此话后代引申运用，可用以警告别人莫存非分之想。

动必三省，言必再思。

【注释】出自唐·白居易《策林一》。三省，指多次思考、省思（"三"在古代表示"多"的概念）。再，第二次。

【译文/点评】此言出言、行动都要谨慎，认真思考后才能说和做。

动莫若敬，居莫若俭，德莫若让，事莫若咨。

【注释】出自先秦《国语·周语下》。莫若，不如。咨，询问、请教。

【译文/点评】行动以敬慎为上，居家以节俭为上，修德以谦让为上，做事以多请教别人为上。此言为人处世的道理，今天看来仍然值得我们借鉴。

动则三思，虑而后行。

【注释】出自晋·陈寿《三国志·魏书·杨阜传》。三思，指反复思考。则，就。

【译文/点评】决定采取行动，就要认真思考清楚，考虑好了以后再付诸行动。此言行动要谨慎，各种可能要考虑在行动之前。

多闻阙疑，慎言其余，则寡尤；多见阙殆，慎行其余，则寡悔。言寡尤，行寡悔，禄在其中矣。

【注释】出自先秦《论语·为政》。多闻，多请教、多学习。阙疑，即存疑，将有疑问的保留着，不下判断。则，就。寡，少。尤，过失、罪过。多见，多观察。阙殆，此指将有怀疑不确定的地方保留下来，不妄作判断。悔，后悔。禄，俸禄，即官位。矣，语气助词，相当于"了"。

【译文/点评】官场之上要多请教别人，对于不明白的事情，最好留在心中，别忙着发表意见。对于有把握的事情，谨慎地说出自己的见解。这样，就能少犯错误。在官场之上还要多注意观察，对于没有把握或有疑问的事，别忙着表态，先把有把握做好的事情做好。这样，就能最大限度地减少事后的后悔了。言语少失误，办事少差错，这官就做好了，禄位富贵自然就在其中了。这是孔子在回答学生子张有关怎样做官的问题时所发表的一番"为官之术"的见解，颇是老成持重，有宦海沉浮后的独到心得在其中，是为官者不得不记取的官场世故。

度德而处之，量力而行之。

【注释】出自先秦《左传·隐公十一年》。度（duó），揣度、猜测。处，处理。之，指事情。量力，根据自己的能力。行，实行、做。

【译文/点评】估摸着自己有多高的德望而去任职，掂量自己的能力而去做事。此言一个人为人处世应当有自知之明，有什么样的德能就处怎样的位置、做怎样的事情。成语"度德量力"即源于此。

凡百事之成也，必在敬之；其败也，必在慢之。

【注释】出自先秦《荀子·议兵》。凡，凡是。百事，指代所有的事。也，句中语气助词，帮助停顿。必，一定。敬，谨慎、认真。敬之，指认真地对待所要做的事。慢，疏忽、怠慢。慢之，指对所要做的事轻忽大意。

【译文/点评】很多事情能够做成，肯定是当事者以认真的态度对待了；而很多事情没有做成，肯定是因为当事者态度轻忽，没有认真对待造成的。此言事情成败的关键在于做事者有没有认真对待的态度。

凡举事无为亲厚者所痛，而为见仇者所快。

【注释】出自南朝宋·范晔《后汉书·朱浮传》。举事，做事。无，不要。亲厚者，指自己人、亲近的人。见仇者，仇恨自己的人、敌人。

【译文/点评】凡要做大事，不要使自己人感到痛心，使敌人感到高兴。此言要做成大事，务必要加强内部团结，千万不能内部分裂，甚至同室操戈。否则，自相残杀、削弱力量，就正中敌人的下怀了。

凡事当留余地，得意不宜再往。

【注释】出自明·朱柏庐《治家格言》。

【译文/点评】此言为人处世应当见好就收，不可知进而不知退。这其实是孔子"中庸"思想在现实生活中的发挥。

凡事豫则立，不豫则废。

【注释】出自汉·戴圣《礼记·中庸》。豫，预先有准备、预先。则，就。

【译文/点评】凡事预先有了准备，就能做成；而预先毫无准备，就不会成功。此言"未雨绸缪"、"要打有准备之仗"的重要性。

反听之谓聪，内视之谓明，自胜之谓强。

【注释】出自汉·司马迁《史记·商君列传》。之谓，叫作。

【译文/点评】对别人的批评能从反面听出教益，这叫"聪"；能自我省视，这叫"明"；能战胜自己（克服自己的弱点），这叫"强"。此言能够听得进批评、能够反躬自省、能够战胜自己，这种人才算得上是聪明人，是人中的强者。

方其中，圆其外。

【注释】出自唐·柳宗元《与杨诲之再说车敦勉用和书》。

【译文/点评】内里要方，外面要圆。此以物体外圆内方为喻，形象生动地说明了这样一个做人处世的道理：骨子里要坚守道德的底线，固守做人的基本原则，但外表上则要显得很随和，应对人事保持适当的灵活性，而不能不知变通。

放利而行，多怨。

【注释】出自先秦《论语·里仁》。放，纵。放利，即放纵利欲之心。行，去。

【译文/点评】放纵自己的利欲之心而不知收敛，必然招致他人怨恨。这是孔子教育学生的话，认为为人处世不能太过自私，应该树立正确的利益观。这话换成今天的俗语说，就是"碗里有肉别独吞，要与他人分杯羹"。如果个人利益考虑太多，必然有损他人利益，以致利益冲突，招怨招恨，则处世难矣。孔子所说虽是处世世故，但也入情入理，还是我们做人应该记取的。

非理之财莫取，非理之事莫为。

【注释】出自明·冯梦龙《古今小说·沈小官一鸟害七命》。非理，不符合事理。莫，不。为，做。

【译文/点评】此言意在劝人不取不义之财、不做不义之事，为人处世要在符合事理的规范下进行。

风流不在谈锋胜，袖手无言味最长。

【注释】出自宋·黄升《鹧鸪天》。谈锋胜，指健谈、谈笑风生的样子。

【译文/点评】此言看一个人是否风流倜傥、有个性、有魅力，并不是看他能说会道、谈笑风生，而是看他胸中是否有见识。如果满腹经纶、胸藏万兵，即使沉默不言，也是魅力无边。意谓内秀远胜于外秀。

逢人且说三分话，未可全抛一片心。

【注释】出自明·冯梦龙《警世通言·杜十娘怒沉百宝箱》。

【译文/点评】此言人心难测，不可对他人太过真心与信任，否则便会吃亏。

富而可求也，虽执鞭之士，吾亦为之。

【注释】出自先秦《论语·述而》。富，发财。也，句末语气助词。虽，即使、就算。执鞭，驾车做驭手。吾，我。亦，也。为，做。之，它。

【译文/点评】如果钱财能够按正常渠道获得，即使让我替人驾马车，我也愿意干。这是孔子自述其对财富的观点。用今天的话来说，只要生财有道、正当合法，干什么职业都可以。两千多年前的孔子能够平等对待不同职业而无贵贱的偏见，且崇尚"劳动致富"，实在不简单。

干大事而惜身，见小利而忘命，非英雄也。

【注释】出自明·罗贯中《三国演义》第二十一回。非，不。也，句末语气助词，帮助判断。

【译文/点评】此言要成为英雄人物，须具备两个条件：不怕危险、不贪小利。明末大将袁崇焕之所以成为万人景仰的英雄，就与他做文官时不爱钱、做武将时不怕死的品质有关。

隔墙须有耳，窗外岂无人。

【注释】出自明·施耐庵《水浒全传》第十六回。

【译文/点评】此言说话须谨慎，以防他人偷听而有是非或祸患。

公生明，偏生暗。

【注释】出自先秦《荀子·不苟》。

【译文/点评】公正就会眼明心亮，不会为外界影响所迷惑；心怀偏见，就会被外界影响而是非不分。此言公正而无偏私才不会偏离正确的人生航道。

躬自厚而薄责于人，则远怨矣。

【注释】出自先秦《论语·卫灵公》。躬自，自己、亲自。厚，多。薄，少。责，责备。于，对于。则，就。远，使……远，远离、避开。矣，了。

【译文/点评】对自己多反躬自省，对他人少些责备批评，就能避开怨恨了。这是孔子关于如何加强自身道德修养的名言。今天我们常说的"严于律己，宽以待人"，就是这个意思，是我们做人处世应该牢记的原则，任何时代都不会过时。

苟全性命于乱世，不求闻达于诸侯。

【注释】出自晋·陈寿《三国志·蜀书·诸葛亮传》。苟全，苟且保全。闻达，显达、富贵。

【译文/点评】此乃诸葛亮《出师表》中的名言，是自道其出山之前淡泊名利的人生态度。

瓜田不纳履，李下不整冠。

【注释】出自三国魏·曹植《君子行》。纳履，指系鞋带。整冠，整理帽子。

【译文/点评】此以不在瓜田弯腰系鞋带、不在李树下整冠为喻，形象地说明了如何避嫌、不授人以把柄的道理。

害人之心不可有，防人之心不可无。

【注释】出自明·洪应明《菜根谭》。

【译文/点评】此言为人处世既要严格要求自己，不泯良知而善良做人，但也不能不考虑到人世的复杂性，警惕非善良之辈对自己的伤害。这个处世做人的原则虽谈不上高尚，但也并不低下，是比较现实的。

好恶以理，不偏于己之好恶。

【注释】出自宋·曾巩《洪范传》。以，根据。

【译文/点评】此言对别人的好恶，要根据道理，不能完全凭个人的感情用事。用今天的话来说，就是：你看人不顺眼，你得有理由；不能"爱你没商量，恨你没商量"。那样，就不是理智的态度，更不是为人处世应取的正确态度。

合则留，不合则去。

【注释】出自宋·苏轼《范增论》之八。去，离开。

【译文/点评】此言与人相处和谐愉快就继续交往，不愉快就分道扬镳。

恨小非君子，无毒不丈夫。

【注释】出自明·施耐庵《水浒传》第一百零三回。恨小，此指气量小。无毒，没有狠心。

【译文/点评】此言君子应当豁达大度、胸襟开阔，大丈夫应该果断刚毅，而不应该心慈手软、贻误良机。

宏远深切之谋，固不能合庸人之意。

【注释】出自宋·苏洵《审敌》。宏，大。庸人，见识孤陋的人。固，本来。

【译文/点评】此言高深伟大的谋略本来就不易被孤陋寡闻、见识浅薄的人理解。意谓不可跟庸人谋大略的。

后生固为可畏，而高年尤是当尊。

【注释】出自清·程允升《幼学琼林·老幼寿诞》。固，固然、本来。高年，指老年人。

【译文/点评】年轻人当然是值得敬畏的，但是老年人更值得尊重。此言尊老爱幼的做人道理。

华而不实，怨之所聚也。

【注释】出自先秦《左传·文公五年》。也，句末语气助气，帮助判断。

【译文/点评】此言华而不实是导致他人怨恨的根源，意在劝人做人做事须踏实。

货悖而入者，亦悖而出。

【注释】出自汉·戴圣《礼记·大学》。货，此指财富。悖（bèi），违背。亦，也。

【译文/点评】财富由不正当的途径得来，也会从非正常途径失掉。此言不义之财不应得，财富要取之有道。

祸福无门，唯人所召。

【注释】出自先秦《左传·襄公二十三年》。门，方法、途径。唯，只。召，招致。

【译文/点评】祸与福都是不确定的，只是由人自己所招致。此言祸福都是因人而起，因此为人处世应当谨慎、好自为之。

己所不欲，勿施于人。

【注释】出自先秦《论语·颜渊》。欲，想。勿，不要。施，强加。

【译文/点评】自己不喜欢的，不要强加于他人。这是孔子的名言。它说的虽是从政要有仁爱之心的道理，但也说出了一个为人处世的基本原则：凡事应该推己及人，站在对方立场上为别人着想。这个思想在任何时代都是对的，也是做人最起码的原则，值得我们每个人记取。

记人之长，忘人之短。

【注释】出自唐·张九龄《敕渤海王大武艺书》。

【译文/点评】此言做人要秉持宽以待人的原则，多想着别人的长处，少记着别人的短处。这样，才能与别人和睦相处，自己也身心愉快。

记人之善，忘人之过。

【注释】出自晋·陈寿《三国志·蜀书·秦宓传》裴松之注引《益都耆旧传》。

【译文/点评】记住他人的好处，而忘了他人的过错。此言意在勉励世人要有宽以待人的雅量。

既来之，则安之。

【注释】出自先秦《论语·季氏》。既，已经。来，招徕，之，指被招徕的人。则，那么。

【译文/点评】已经将远方之人招徕了，就要使他们安定下来。此话本是讲修德以招揽远人的治国道理。后来引申之，运用到了为人处世方面，表示既然来了，就安定下来；或是表示既然问题出现了，就要勇于面对。

既明且哲，以保其身。

【注释】出自先秦《诗经·大雅·烝民》。既……且……，既……又……。明，明智。哲，聪明、有才能。以，承接连词。

【译文/点评】既明事理又聪明，趋利避害保自身。这是周宣王之臣尹吉甫歌颂周宣王另一位能臣仲山甫之语。这话本来完全是褒义的，赞扬一个人明达事理、洞悉时势，善于择安避危，在复杂的情势下保全自己。后来演变成"明哲保身"的成语后，语义有所变化，常指一个人为了个人得失而丧失原则的庸俗的处事态度，带有贬义色彩。

既知退而知进兮，亦能刚而能柔。

【注释】出自唐·杨炯《祭汾阴公文》。兮，句中语气助词，相当于"啊"。亦，也。

【译文/点评】知退也知进，能刚也能柔。此言做人要善于根据情势的变化选择进退、采取刚柔不同的策略。

家累千金，坐不垂堂。

【注释】出自汉·司马迁《史记·司马相如列传》引谚语。家累千金，指家庭非常富裕。垂堂，指下垂的屋檐。

【译文/点评】家财万贯的人，不要坐在屋檐之下（以防屋瓦坠落而致死）。此言要保住家财首先要珍惜生命，防患于未然，减少不必要的人身危险。

剪纸为墙，不可止暴；搏沙为饼，不可疗饥。

【注释】出自明·刘基《拟连珠》。暴，同"曝"。搏，挤压。疗饥，充饥。

【译文/点评】剪纸作墙壁，起不到防晒的作用；压沙成饼，不能当作食物充饥。此言虚幻不现实的东西是发挥不了作用的。引申之，可以说明为人处世应当直面现实、务实进取的道理。

见可而进，知难而退。

【注释】出自先秦《左传·宣公十二年》。可，能。

【译文/点评】看到事情有成功的可能性就予以推进，知道事情实在不可为就应该急流勇退。此言为人处世应该审时度势、相机而动的道理。

建大事者，不忌小怨。

【注释】出自南朝宋·范晔《后汉书·岑彭传》。建大事，建立大事业。忌，顾忌。怨，怨恨。

【译文/点评】此言要做大事、建立大功业，就不要怕个别人有埋怨之情。意谓让人人都满意的人是不可能有什么大成就的。事实上，任何事都有得失，关键是看得与失孰大孰小。若在大的方面能有所得，小的方面有些损失又有何妨？

竭诚则吴越为一体，傲物则骨肉为行路。

【注释】出自唐·魏徵《论时政第二疏》。竭诚，竭尽诚意。则，那么。吴越，指春秋时代互相敌视、长期厮杀的吴国与越国，此代指不共戴天的仇敌。傲物，对人傲慢。骨肉，代指亲人。行路，指行路之人、陌生人。

【译文/点评】坦诚相见，那么即使原来是不共戴天的仇敌，也能亲密合作、团结一致；恃才傲物，那么即使是骨肉至亲，也会关系疏远得形同陌路之人。此言竭诚合作、谦虚为人的重要性。

戒之，戒之，出乎尔者，反乎尔者也。

【注释】出自先秦《孟子·梁惠王下》孟子引曾子之语。戒，警惕。之，指示代词，它。乎，于。尔，指示代词，这。者，（的）事。反，同"返"。也，句末语气助词。

【译文/点评】警惕啊，警惕啊，你如何对待别人，别人反过来就会如何对待你。这是曾子劝诫世人谨言慎行、行善施仁的话。成语"出尔反尔"，虽源于此，但意思有所变化，是指一个人言行前后矛盾、反复无常，是贬义。

谨在于畏小，智在于治大。

【注释】出自先秦《尉缭子·十二陵》。

【译文/点评】谨慎表现在对细小的事情都以敬畏之心对待，智慧表现在集中精力抓大事。此言"谨"与"智"的两种不同境界。

经目之事，犹恐未真；背后之言，岂能全信。

【注释】出自明·施耐庵《水浒全传》第二十六回。犹，还。

【译文/点评】亲眼所见之事，还怕有假，更何况是别人的背后传言，哪里能轻易相信呢？此言意在劝人切莫轻信他人之言，以免造成难以挽回的后患。

救死具八珍，不如一箪犒。

【注释】出自唐·韩愈《荐士》。具，准备。八珍，指代极好的饭菜。箪，古代盛饭的竹器。犒，此指饭食。

【译文/点评】救助饿得快死的人，为他准备美味佳肴，不如及时给他一筐子饭吃。此言帮助别人要落到实处，要及时实在。

沮舍之下，不可以坐；倚墙之旁，不可以立。

【注释】出自汉·刘安《淮南子·说山训》。沮舍，破败的房舍。倚墙，倾斜的墙壁。

【译文/点评】破败的房舍之下不能坐，倾斜的墙壁旁边不能站。此言对于危险的环境要有意识地规避，以防对生命有不必要的威胁。

举大事必慎其终始。

【注释】出自先秦《礼记·文王世子》。举，做。必，一定。

【译文/点评】做大事一定要谨慎其开头与结尾之时。意谓要做成大事，既要有一个好的开始，也要有一个好的结尾。也就是要"善始善终"，不可虎头蛇尾。

君子不蔽人之美，不言人之恶。

【注释】出自先秦《韩非子·内储说上七术》。君子，道德高尚的人。蔽，掩盖、抹杀。

【译文/点评】君子不抹杀别人的好处，不议论别人的短处。意谓与人为善才是君子的行为。这个观点其实与孔子的弟子有子"和为贵"的观点是相通的。在处世方面有积极的一面，也有消极的一面。积极的一面是有利于营造和谐良好的人际关系，消极的一面是不讲原则，没有是非。

君子不恶人，亦不恶于人。

【注释】出自宋·苏轼《文与可字说》。恶（wù），讨厌、厌恶。于，被、为。

【译文/点评】君子不厌恶别人，也不为人所厌恶。此言君子有与人为善的美德，所以不会为人所厌恶。

君子不以所能者病人，不以人之不能者愧人。

【注释/点评】出自唐·马总《意林》引《子思子》。病人，指责难他人。愧人，使人惭愧、为难别人。

【译文/点评】君子不以自己所擅长的事去责难他人，不以别人所不能的事为难他人。此言做人要有宽以待人之心，要有宽容他人的雅量。

君子成人之美，不成人之恶。小人反是。

【注释】出自先秦《论语·颜渊》。君子，道德高尚的人。小人，道德低下的人。反是，与此相反。

【译文/点评】君子对别人的好事予以促成，对别人的坏事不予以推动。而小人则正好与之相反。这是孔子对君子与小人为人境界的区分。今天我们虽然不再用"君子"与"小人"评价一个人，但是，"成人之美"（即帮助别人）还是"成人之恶"（即陷害别人），仍然是评价一个人品德、人格高下的标准。

君子耻其言而过其行。

【注释】出自先秦《论语·宪问》。耻，以……为耻。而，用法同"之"，这里是取消句子独立性。过，超过。行，行动。

【译文/点评】君子以说的超过做的而感到可耻。这是孔子关于言行关系的论述，意在强调君子应该言行一致，多做实事而少说漂亮话，否则便是伪君子。今天我们常听长辈教育晚辈说"多做事，少说话"，说的正是这个意思。可见，孔子这话是自古以来就被认可的做人原则。

君子崇人之德，扬人之美，非诌谀也；正义直指，举人之过，非毁疵也。

【注释】出自先秦《荀子·不苟》。崇，推崇。诌谀，讨好奉承。正义直指，直截了当地指出。举，检举。非，不是。毁疵，攻击、挑剔。也，句末语气助词，帮助判断。

【译文/点评】君子推崇别人的道德，褒扬别人的优点，这不是讨好奉承；别人有过错，直截了当地指出来，这不是攻击别人，更不是吹毛求疵。此言君人为人处世既要与人为善，也要有是非感，坚持应有的道义原则。

君子当有所好恶，好恶不可不明。

【注释】出自唐·韩愈《与崔群书》。

【译文/点评】此言君子应该要有是非感，要是非分明。不讲是非，不坚持原则，那是算不得君子的。

君子得时则大行，不得时则龙蛇。

【注释】出自汉·班固《汉书·扬雄传》。则，就。

【译文/点评】君子得到恰当的机会就会大展宏图，没有机会时就像龙蛇一样蛰伏待时。此言君子有机会不放过，无机会则耐得住寂寞、守拙待时。

君子和而不同，小人同而不和。

【注释】出自先秦《论语·子路》。君子，此指道德高尚之人。和，和谐、协调。而，却。同，赞同、附和。小人，指道德低下者。

【译文/点评】君子讲求和谐一致，但不盲目附和他人；小人与人同流合污，却并不讲求和谐团结。这是孔子对君子与小人在为人处世上的区别所作的界定，同时也指明了坚持原则与讲求人际关系和谐之间的正确关系。在今天我们大力倡导"和谐"理念的社会背景下，尤其值得深思。

君子矜而不争，群而不党。

【注释】出自先秦《论语·卫灵公》。矜，矜持、庄重。群，合群、团结他人。党，拉帮结派、结党营私。

【译文/点评】君子矜持庄重，不与他人争名夺利；讲团结，但不拉帮结派谋取私利。这是孔子对君子提出的两条要求，也是他一生所倡导的为人处世的基本原则。与他所提倡的"和而不同"的观点有相通之处。今天我们虽然不再有什么"君子"的名声，但是如果能够做到这两点，那无疑就是一个道德高尚的人了。

君子乐得其道，小人乐得其欲。

【注释】出自汉·戴圣《礼记·乐记》。道，道理、儒家所持的政治思想主张。

【译文/点评】君子在"道"的追求方面得到满足，就会感到快乐；小人在欲望方面得到满足，就会觉得快乐。此言君子与小人的人生理念不同，因此快乐观也不同。

君子莫大乎与人为善。

【注释】出自先秦《孟子·公孙丑上》。莫，没有。大乎，大于。与，赞助。为善，做善事。

【译文/点评】君子的最高道德标准就是帮助他人做善事。这是孟子对君子所提出的道德要求。后世成语"与人为善"，即源于此。不过意思有变化，一般是指善意帮助别人、成人之美。

君子求诸己，小人求诸人。

【注释】出自先秦《论语·卫灵公》载孔子语。求，要求。诸，"之于"的合音。

【译文/点评】君子严格要求自己，小人则苛求于他人。这是孔子对君子与小人的道德比较，强调的是个人的道德修养，提倡"正人先正己"的修身理念。用今天的话来说，就是自己先做出榜样，再以行为影响他人。这个做人原则，在任何时候都是对的，值得我们记取。

君子上达，小人下达。

【注释】出自先秦《论语·宪问》。上达，指"上达于仁义"，即追求仁义。下达，指"下达于财利"，即追求财利。

【译文/点评】君子以追求仁义为人生理想，小人以追求财利为人生目标。这是孔子谈君子与小人精神境界差异的见解，强调的是道德修养与精神境界的提升，与其所提倡的"重义轻利"的思想是一致的。

君子慎始而无后忧。

【注释】出自宋·苏洵《上文丞相书》。

【译文/点评】君子做事、说话，一开始就非常谨慎，所以没有后患或消极的影响。此言"慎始"的重要性。

君子使物，不为物使。

【注释】出自先秦《管子·内业》。君子，此指地位高、有见识的人。

【译文/点评】君子役使外物，而不被外物所役使。此言君子为人处世善于掌握主动权。

君子思不出其位。

【注释】出自先秦《论语·宪问》。思，考虑问题。其位，他的职位界限。

【译文/点评】君子思考问题不超出他的职位界限。这是孔子学生曾子的话，与其师孔子所说"不在其位，不谋其政"的话同义。有其积极的方面，也有其局限性。积极的方面是强调各人谨守本分，做好本职工作；局限性是有可能导致"事不关己，高高挂起"的消极行为。

君子思义而不虑利，小人贪利而不顾义。

【注释】出自汉·刘安《淮南子·缪利训》。

【译文/点评】君子想的是义而不考虑利，小人贪的是利而不顾道义。此言君子和小人在义、利方面的不同态度，前者舍利取义，后者舍义取利。

君子泰而不骄，小人骄而不泰。

【注释】出自先秦《论语·子路》。泰，安适坦然。而，却。骄，骄傲放肆。

【译文/点评】君子安适坦然却不骄傲放肆，小人骄傲放肆却不安适坦然。这是孔子对君子与小人在外在仪表与风度方面的差异所作的揭示，目的是强调个人内在修养的重要性。我们要想有君子的那副坦然大度的风范，就要加强自己的内在修养，如此君子风度不待刻意显摆，也能跃然而出。反之，不修内心，徒学外表，永远只是小人嘴脸，而无君子风范。

君子务知大者远者，小人务知小者近者。

【注释】出自先秦《左传·襄公三十一年》。务，追求。

【译文/点评】君子追求的是了解大事、长远之事，小人着眼的是小事、眼前之事。此言君子与小人的眼光不同、胸襟不同。君子着眼的是大局，是长远，而小人则正好相反。

君子相送以言，小人相送以财。

【注释】出自汉·司马迁《史记·滑稽列传》。

【译文/点评】君子以良言赠人，小人以财物赠人。此言君子与小人在帮助他人方面不同的境界。前者重精神，后者重物质。

君子小人本无常，行善事则为君子，行恶事则为小人。

【注释】出自唐·吴兢《贞观政要·教戒太子诸王》。无常，固定不变。则，就。

【译文/点评】君子与小人本来就不是固定不变的，做好事就是君子，做坏事就是小人。此言判断一个人是君子还是小人，要看其行动。

君子扬人之善，小人讦人之恶。

【注释】出自唐·吴兢《贞观政要·公平》载魏徵奏疏语。扬，褒扬。讦（jié），攻击或揭发别人的短处。

【译文/点评】君子褒扬他人的好处，小人揭发他人的短处。此言君子与小人在做人境界上的优劣高下。

君子有九思：视思明，听思聪，色思温，貌思恭，言思忠，事思敬，疑思问，忿思难，见得思义。

【注释】出自先秦《论语·季氏》。思，考虑、思考。聪，听觉灵敏。色，脸色。貌，态度。忿（fèn），生气、恨。见得，遇到财利等物质利益。义，道义。

【译文/点评】君子经常会思考如下这九个方面的问题：观察事物时，考虑是否看得清楚全面；听别人说话时，考虑是否听得明白透彻；待人接物时，考虑脸色是否温和；与人相处时，考虑态度是否恭敬；跟人谈话时，考虑是否言出真心；做事时，考虑是否认真谨慎；有疑问时，考虑是否要请教别人；生气时，考虑是否要顾及后果；遇到财利好处时，考虑是否得之符合道义。这是孔子对君子所提出的九个方面的道德行为规范。今天我们虽然不再讲什么"君子"的名目，但要做一个堂堂正正的人，这九条规范仍是我们为人处世应该遵守的。

君子有三戒：少之时，血气未定，戒之在色；及其壮也，血气方刚，戒之在斗；及其老也，血气既衰，戒之在得。

【注释】出自先秦《论语·季氏》。君子，指道德高尚者。戒，警惕。少，少年。及，等到。其，他。也，句末语气助词。方，正。刚，旺盛。既，已经。衰，衰弱。得，贪得，指名誉、地位、钱财等方面的欲望。

【译文/点评】君子有三个方面需要警惕：年少之时，血气未定，要警惕女色之贪；等到壮年之时，血气正旺，应该警惕的是争强好胜；到了老年之时，血气已经衰弱，则要警惕贪得无厌。这是孔子根据不同年龄段人的性格特征对君子所提出的个人修养要求。这一要求非常切合实际，世人若能奉之守之，一定对其为人处世助益多多，最起码不会犯错误。

君子有三乐，而王天下不与存焉。父母俱存，兄弟无敌，一乐也；仰不愧于天，俯不怍于人，二乐也；得天下英才而教育之，三乐也。

【注释】出自先秦《孟子·尽心上》。王天下，指以德政使天下人归服。不与存，不包括在内。焉，于之。无敌，和睦。也，句末语气助词。怍（zuò），惭愧。

【译文/点评】君子有三种快乐，以德政使天下人归服不包括其中。父母都健在，兄弟和睦，这是一乐；为人做事，上无愧于天，下无愧于人，这是二乐；网罗天下的英才而施以教育，这是三乐。这是孟子总结出来的人生"快乐"观，也是君子修身的目标与理想。家庭幸福，才是人生最大的幸福；俯仰无愧，才能让人活得心安理得，自然身心健康；作育英才，贡献于社会与人类，那是功德无量之事，岂能没有成就感、幸福感？有此三者，岂能不乐？

君子有三畏：畏天命，畏大人，畏圣人之言。

【注释】出自先秦《论语·季氏》。君子，指有道德的人。畏，敬畏、惧怕。天命，指天的意志。大人，指地位高的人，如王公大人。圣人，指学问大、道德高的人。

【译文/点评】君子敬畏三件事：一是天命，二是王公大人，三是圣人的议论。这是孔子讲立身处世之道的话。如果将"天命"泛化理解为大自然的力量，将"大人"理解为有权势者，将圣人理解为社会上有权威的名人，那么这话今天仍然是有道理的。如果一个人违背大自然的规律，逆天而行，必然受到大自然的惩罚；如果得罪了权贵，自然于己不利；如果被权威人士批评了，就会影响到他的名誉。注意到这三点，相信在任何社会做人处世都是没问题的。

君子有三忧：弗知，可无忧与？知而不学，可无忧与？学而不行，可无忧与？

【注释】出自汉·韩婴《韩诗外传》引言。弗，不。可，能。知，通"智"，聪明。与，同"欤"，疑问语气词，相当于"吗"。

【译文/点评】君子有三忧：不知，能无忧吗？知道而不学，能无忧吗？学了而不践行，能无忧吗？此言君子应该不知即学、学而即行。

君子有终身之忧，而无一朝之患。

【注释】出自汉·戴圣《礼记·檀弓上》。君子，此指道德高尚、有远见的人。

【译文/点评】君子虑事着眼长远，有防患于未然的意识，所以不会有近在咫尺的忧患发生。此言君子的高明之处在于有忧患意识，能防微杜渐，将祸患消灭在未萌状态。

君子于其言，无所苟而已矣。

【注释】出自先秦《论语·子路》载孔子语。苟，苟且、马虎。而已，句末语气助词。矣，句末语气助词。

【译文/点评】君子对于自己说的话不会苟且马虎的。此言意谓君子对于说话是持谨慎态度的，不会口不择言。因为说话谨慎，才不会说错话而得罪人。不得罪人，就有利于人际关系的和谐。

君子欲讷于言而敏于行。

【注释】出自先秦《论语·里仁》。讷（nè），语言迟钝，不善言辞。此指语言谨慎。敏，敏捷。行，行动。

【译文/点评】君子之为人，应该出言措辞谨慎，做事行动敏捷快速。这是孔子对君子言与行方面所提出的要求，用今天的话来说，叫作"多做事，少说话"，是为人处世的世故。在清朝有一句官场口号，叫作"多磕头，少说话"，则就变了味。这种官场滑头世故，无论在什么时代都是要不得的。

君子之言，信而有征。

【注释】出自先秦《左传·昭公八年》。征，根据。

【译文/点评】君子说出的话，都是有根据的。此言君子不随便乱说话，讲究言必有据。

君子周急不继富。

【注释】出自先秦《论语·雍也》。君子，道德高尚者。周，周济、救济。急，有急难的人。继，连续、紧接着。这里指帮助、增添。富，富有者。

【译文/点评】君子为人处世的原则是救助那些有急难的人，而不应去帮助那些已经富有者。这是孔子提出的一个做人的原则，认为君子应该是在别人需要帮助时雪中送炭，救人于危厄之中，而不应当将有限的资源去为富有者捧场、锦上添花。这一观点是符合人道主义宗旨的，今天仍有指导借鉴意义。中国古代侠士的劫富济贫之举，未尝不是受到孔子这一思想的影响。

君子尊贤而容众，嘉善而矜不能。

【注释】出自先秦《论语·子张》。贤，贤能的人。容，宽容。众，普通人。嘉，赞美、嘉奖。善，指好人、有能力的人。矜，怜悯、同情。不能，指无能的人。

【译文/点评】君子尊敬贤能的人，也能宽容普通人；赞美能干的人，也能对无能的人予以同情。这是孔子学生子张教导自己学生的话，其意是说君子要有包容之心。这话比较客观中肯，今天仍是我们做人修德、处世为人应该记取的金玉之言。

可与言而不与之言，失人；不可与言而与之言，失言。

【注释】出自先秦《论语·卫灵公》。言，说话。而，却。失人，指失去朋友、知音。失言，指言语失误。

【译文/点评】值得与他说话的人，而不跟他说，就要失去朋友；不值得跟他交谈的人，却跟他说了话，那就是言语失误。这是孔子关于说话应该选择对象的见解。今天我们讲"说话要看对象"，说的就是这个意思。否则，就有"对牛弹琴"的后果。

口惠而实不至，怨灾及其身。

【注释】出自汉·戴圣《礼记·表记》。口惠，嘴上说得好听。及，殃及。

【译文/点评】光说好听的话而不兑现承诺，那么怨恨灾难就会降临其自身。此言意在强调做人要言行一致，说到要做到。

困鸟依人，终当飞去。

【注释】出自明·冯梦龙《东周列国志》第四十四回。困鸟，困倦之鸟。

【译文/点评】此以困鸟依人为喻，说明英雄人物失败受挫后投靠别人只是暂时的，等到有了机会，他还是会自树一帜的，不会久居人下。

困兽犹斗，况人乎？

【注释】出自先秦《左传·定公四年》载夫概王语。犹，还。乎，呢。

【译文/点评】处于危困中的野兽还要作最后的一搏，何况是人呢？此言对于处于绝境中的敌人不可逼迫太甚，以防他绝地反击，做出鱼死网破的毁灭性行为。其意是劝人为人处世要留有余地，做人做事不可太绝对。民间俗语"三线留一线，日后好见面"，说的道理与此义相通。

乐不可极，极乐成哀；欲不可纵，纵欲成灾。

【注释】出自唐·吴兢《贞观政要·刑法》。不可，不能。

【译文/点评】高兴不能过头，得意忘形就会酿成悲哀；欲望不能放纵，纵欲而不知节制，就会导致灾祸发生。此言为人处世不能走极端，要防止"物极必反"的情况出现。

乐人之乐，人亦乐其乐；忧人之忧，人亦忧其忧。

【注释】出自唐·白居易《策林一》。乐（第一、三个），以……为快乐。亦，也。忧（第一、三个），以……为忧愁。其，他的。

【译文/点评】以别人的快乐为快乐，别人也会为他的快乐而快乐；以别人的忧愁为忧愁，别人也会为他的忧愁而忧愁。此言能与别人同忧乐，别人也会与他同忧乐。

乐天知命，故不忧。

【注释】出自先秦《周易·系辞上》。故，所以。

【译文/点评】安于天道自然的安排，所以不会忧愁。此言听天由命、顺应自然，才是获取人生快乐的源泉。

力能则进，否则退，量力而行。

【注释】出自先秦《左传·昭公十五年》。则，就。

【译文/点评】力所能及，就继续进行下去；力不能及，就暂时停止，一切都要依情况与自己的能力而采取行动。此言做事既要依据情势，也要根据自己的能力。成语"量力而行"，即源于此。

立身必由清谨，处职无废于忠勤。

【注释】出自唐·李峤《授豆卢钦望秋官尚书制》。

【译文/点评】此言为人处世一定要清廉谨慎，担任职务要忠于职守、勤奋敬业。

利之中取大，害之中取小。

【注释】出自先秦《墨子·大取》。

【译文/点评】此言权衡利害时要争取最大的利益，争取最小的损害。此与我们现在常说的"两利相权取其大，两害相权取其小"同义，是处世中趋利避害的基本原则。

两喜必多溢美之言，两怒必多溢恶之言。

【注释】出自先秦《庄子·人间世》。两喜，指双方都高兴之时。溢，水漫出来，此指过度。两怒，双方生气之时。

【译文/点评】双方高兴之时说的多半都是过分赞美对方的话，双方生气时说话肯定非常刻薄。此言说话的动听与否是与人的心情有关的。正因为如此，我们在日常生活中与人相处，就应该注意克制自己的感情，不能因一时的喜怒而影响人际关系，从而影响自己的形象。因为赞美的话说得过分了，就有拍马奉迎之嫌；攻击的话说得过分了，就会伤人太深，从而激化人际矛盾。

量力而动，其过鲜矣。

【注释】出自先秦《左传·僖公二十年》。量，衡量、根据。动，行动。其，他的。过，过错。鲜（xiǎn），少。矣，了。

【译文/点评】根据自己的能力而行动，他的过错就会很少了。此言意在强调做事要根据情况量力而行，不可不顾现实而盲目行动。

临大事而不乱。

【注释】出自宋·苏轼《策略第四》。

【译文/点评】此言意在告诫人们在面对大事时务须镇定，千万别乱了方寸。镇定则头脑清楚，处事不乱；方寸一乱，则事必失败。

临利害之际，而不失故常。

【注释】出自宋·苏轼《陈侗知陕州》。

【译文/点评】此言面临利害关系的时候，不要失去做人应有的平常心。也就是说，不要在面临利益时就利令智昏，甚至见利忘义；面临危难时就贪生怕死，甚至见死不救或是落井下石。

临死修善，于计已晚；事迫乃归，于救已微。

【注释】出自唐·马总《意林》引《周生烈子》。

【译文/点评】一个人快死了才想起要做好人，那就为时已晚了；危难之事临头才想回头，要想挽救，希望已经很小了。此言意与俗语"平时不烧香，临时抱佛脚"略同，旨在批评那些"不修平时而修一时"的功利主义者。

临行而思，临言而择。

【注释】出自宋·王安石《仁智》。临，临近、即将。

【译义/点评】开始做事之前要好好想想，开口说话之前要好好斟酌一下措辞。此言做事、说话都要慎重，以防出错。三思而后行，自是做人处世最好的法宝。

留意于言，不如留意于不言。

【注释】出自晋·张韩《不用舌论》。

【译文/点评】与其将心思放在如何讲究说话的技巧方面，不如注重实干，什么也不说。此言与其说得漂亮，不如做出成绩更令人信服。

流丸止于瓯臾，流言止于知者。

【注释】出自先秦《荀子·大略》。流丸，指滚动的弹丸。瓯臾，即"瓯盂"，两种瓦质容器。知，同"智"。流言，谣言。

【译文/点评】滚动的弹丸，在容器中就会停止滚动；不实的谣言，不会影响明智之人。此以流丸遇容器而停止滚动为喻，形象地说明了谣言对于明智之人丝毫不能产生影响。因为智者有辨别真假的能力，不会为表面现象所迷惑，更不会盲从众人。

虑善以动，动惟厥时。

【注释】出自先秦《尚书·说命中》。以，而。厥，其。

【译文/点评】此言做事要考虑好了再行动，一旦行动了就要找准最好的时机。

乱之所生也，则言语以为阶。

【注释】出自先秦《周易·系辞上》。之，放在主谓语之间，取消句子的独立性。也，句中语气助词，帮助停顿。则，那么。阶，台阶，喻指根源。

【译文/点评】此言祸乱产生的根源是因为言语不当。意在劝人谨慎言语，防止祸从口出。

论事易，作事难；作事易，成事难。

【注释】出自宋·苏轼《荐诚禅院五百罗汉记》。

【译文/点评】对别人所做的事评头论足容易，自己做起事来就知道并不容易了；做事容易，但要把事情做成，则就不是那么简单了。此言"论事"、"作事"、"成事"是完全不同的三个境界，意在强调这样一个意旨：勇于做事的人比指手画脚的人强，而能将事情做好的人又比勇于做事的人强。其意是鼓励世人多做事，少评论；既然做事，就要认真地把事情做成做好。

慢人者，人亦慢之。

【注释】出自明·冯梦龙《东周列国志》第五十二回。慢，怠慢、轻慢。

【译文/点评】轻慢他人的人，他人也会轻慢于他。此言意在劝人礼遇他人，强调的是"敬人即是自敬"的做人道理。

明断少而外言入。

【注释】出自晋·陈寿《三国志·蜀书·刘二牧传》。外言，指他人的意见。

【译文/点评】此言不明智地作出决断，就会被他人的思想所左右。意谓要勇于决断，要明智地决断，不给乱出主意的人以机会。

明者防祸于未萌，智者图患于将来。

【注释】出自晋·陈寿《三国志·吴书·吕蒙传》裴松之注引《吴书》。图，考虑。

【译文/点评】明智的人会着眼未来，将祸患消灭在未萌状态。此言"防患于未然"的重要性。

莫道人行早，还有早行人。

【注释】出自清·无名氏《三侠五义》第三十回。

【译文/点评】此乃以行路为喻，说明"山外有山，人外有人"的道理，意在劝人莫自以为是、自高自大，做人要保持一份谦虚谨慎之心。

谋未发而闻于外则危。

【注释】出自汉·刘向编《战国策·燕策一》。谋，此指谋划的事情。发，指实施。则，那么、就。

【译文/点评】谋划的事情还没来得及实施就被外人所获悉，那么就有危险了。此言谋划机密之事务须保密而不能泄露的重要性。

谋无不当，举必有功。

【注释】出自先秦·吕不韦《吕氏春秋·孝行览·慎人》。举，举动。

【译文/点评】谋划恰当，做事必成。此言谋划恰当对于保证做事成功的重要性。

目妄视则淫，耳妄听则惑，口妄言则乱。

【注释】出自汉·刘安《淮南子·主术训》。妄，胡乱。则，就。淫，邪恶。

【译文/点评】眼睛乱看就会心生邪念，耳朵乱听就会产生迷惑，嘴巴乱说就会有祸乱。此言与孔子所提出的"非礼勿视，非礼勿听，非礼勿言，非礼勿动"的君子行为规范相同，皆是要求人们思想行动要合正道。

怒不过夺，喜不过予。

【注释】出自先秦《荀子·修身》。过，过分。夺，剥夺。予，给予。

【译文/点评】不要因为生气而过分刻薄对待他人，不要因为高兴而过分地对他人好。此言为人处世要清醒理智，不意气用事、感情用事，做事说话都要留有余地，不过分，不绝对化。

平生不解藏人善，到处逢人说项斯。

【注释】出自唐·杨敬之《赠项斯》。解，懂。藏人善，掩盖别人的长处。

【译文/点评】此乃诗人赠别朋友项斯之句。虽是非常个人化的，却说出了一个为人处世的道理，那就是不要眼睛只盯着别人的缺点短处，而应多看到别人的优点长处并予以褒扬，这样才能与人为善，搞好人际关系。

平生不作皱眉事，世上应无切齿人。

【注释】出自宋《京本通俗小说·碾玉观音》。皱眉事，指坏事。切齿，痛仇的样子。

【译文/点评】此言自己不做损人害人的坏事，便不会有人记恨自己。这是正派的做人原则，也是有效的处世原则。

其持之有故，其言之成理。

【注释】出自先秦《荀子·非十二子》。

【译文/点评】凡是提出意见或主张，都应该有所根据；凡发表见解，都要说出其中的理由。此言说话要有根据、要讲理。今天我们常说的"持之有故，言之成理"，即源于此。

其言之不怍，则为之也难。

【注释】出自先秦《论语·宪问》。其，他。怍（zuò），惭愧。则，那么、就。为，做。之，它。也，句中语气助词，无义。

【译文/点评】一个人说话大言不惭，那么要他行事就很困难。这是孔子谈"言"与"行"关系的见解。认为考察一个人的品德，主要是看他怎么做，而不是听他怎么说。这种强调"行重于言"的观点，在任何时候都是正确的。今日我们常常引用孔子的另一句话"听其言，观其行"，说的就是这个意思。

其责己也重以周，其待人也轻以约。

【注释】出自唐·韩愈《原毁》。其，此指古之君子。责己，要求自己。也，句中语气助词，帮助停顿。重以周，严格而全面。轻以约，宽容而简单。

【译文/点评】古代的君子要求自己严格而全面，对待别人则宽容而简单。此言乃赞扬古代君子"严于律己、宽以待人"的做人风范，意在鼓励世人应向古代君子学习，并秉持这一做人的基本原则。

千里修书为一墙，让他三尺又何妨。万里长城今犹在，不见当年秦始皇。

【注释】出自清·张英批阅家书之语。

【译文/点评】清朝康熙年间，安徽桐城张家因为邻居吴家（或说是方姓，或说叶姓）越地修墙而发生争执。张家之子张英时任当朝宰相（文华殿大学士兼礼部尚书），张家便驰书京城。张英阅后，便写了上面四句诗寄回。张家立即按张英意见，从原地上退后三尺。吴家为之羞愧，遂也后退三尺。由此便成就了一段邻居礼让的佳话，也有了桐城著名的"六尺巷"遗迹。诗的意思是说，人生在世短短几十年，不必什么事都要斤斤计较，纵使你有秦始皇囊括天下的本领，最终不也是要撒手而去吗？这话在解决人际矛盾、建立和谐的人际关系方面是有积极意义的，在任何时代都是应该倡导的。今天我们倡导建立良好和谐的邻里关系，这可是一个非常好的例子。不过，张英的比喻也有偏颇之处。解决邻里矛盾，我们应该有宽阔的胸怀，要有礼让的雅量。但若是解决国家矛盾，对于国土问题，我们还是应该持"寸土必争"、"寸土不让"的原则，因为这攸关国家的根本利益。秦始皇修长城是为了国家利益，这一点我们是应该予以清醒认识的。

谦谦君子，卑以自牧。

【注释】出自先秦《周易·谦·初六·象》。牧，管理、约束。

【译文/点评】态度谦虚的君子，是以谦卑的心态来约束自己的。此言君子处世与为人的原则：谦虚、自律。

强中更有强中手，莫向人前满自夸。

【注释】出自明·冯梦龙《警世通言·王安石三难苏学士》。

【译文/点评】此言为人不要骄傲自大，要清醒地认识到世上比自己有才能的人多得很。意在劝人不可妄自尊大，要有一颗谦虚好学之心。

清者不必慎，慎者必自清。

【注释】出自晋·陈寿《三国志·魏书·李通传》裴松之注引王隐《晋书》。清，指清廉。必，一定。

【译文/点评】清廉的人不必谨慎，谨慎的人一定会清廉。此言清廉的人没有什么把柄可抓，行为不必缩手缩脚；谨慎的人因为事事小心，一定不会有贪渎的行为。

求则得之，舍则失之。

【注释】出自先秦《孟子·尽心上》。则，那么、就。之，指示代词"它"。舍，放弃。

【译文/点评】追求就能得到它，放弃就会失去它。此言凡事只要不断努力，总有成功之日；反之，就不会有成功之时。意在鼓励人们勇于进取，凡事不要轻言放弃。

去甚去泰，身乃无害。

【注释】出自先秦《韩非子·扬权》。甚、泰，都是"过分"之意。乃，才。

【译文/点评】为人处世去掉过分偏激的毛病，自身就不会有什么危害了。此言为人处世平和中庸的重要性。

人无远虑，必有近忧。

【注释】出自先秦《论语·卫灵公》。无，没有。远虑，长远的考虑。必，一定。近忧，马上就会来临的灾祸或忧患。

【译文/点评】一个人没有长远的考虑，就一定会有逼近眼前的祸患。这是孔子的名言，阐明的是这样一个道理：做人做事都要从长远打算，着眼未来，未雨绸缪，才能消除后患。否则，灾祸便会不期而至。这个道理永远都是对的，做人做事要想立于不败之地，就必须时时牢记。

人远则难绥，事总则难了。

【注释】出自南朝宋·范晔《后汉书·仲长统传》。远，疏远。则，就。绥（suí），安抚。总，汇集。了，了结、解决。

【译文/点评】人际关系疏远了，就难以再安抚恢复；事情积累多了，就难以解决。此言做人要重视人际关系的互动，做事要干净利落，不要拖拖拉拉。

人之有德于我也，不可忘也；吾有德于人也，不可不忘也。

【注释】出自汉·刘向编《战国策·魏策四》。也，前一个"也"，是表示句中停顿的语气词，后一个"也"是表示句末停顿的语气词。吾，我。

【译文/点评】别人对自己有恩德，千万不能忘记；自己对别人有恩德，千万别记在心上。此言做人应该严于律己，不可苛求于人；修身养性，做到施恩不求报，才算达到了崇高的境界。

日远日疏，日亲日近。

【注释】出自明·施耐庵《水浒全传》第二回。

【译文/点评】此言人际关系需要用心维护，不注意维护就会日益疏远，注意维护就会日益亲近。

荣华易尽，须要退步抽身。

【注释】出自清·曹雪芹《红楼梦》第八十六回。

【译文/点评】此言对于荣华富贵的追求不能毫无止境，要见好就收，应该急流勇退时切莫犹豫，如此才能保全自己。

柔弱是立身之本，刚强是惹祸之胎。

【注释】出自明·施耐庵《水浒全传》第二十四回。本，根本。胎，指根源。

【译文/点评】处世以柔弱低调为好，好强逞勇往往导致祸患。此言为人处世的原则。

三十年河东，三十年河西。

【注释】出自清·吴敬梓《儒林外史》第四十六回。

【译文/点评】此言形势是不断变化的，不能以一成不变的眼光看问题。否则，便会错估形势，事到临头而措手不及，陷自己于被动的境地。

三思而后行。

【注释】出自先秦《论语·公冶长》。三思，多次思考。三是虚指，泛指多。行，行动。

【译文/点评】凡做一事，反复思考后再付诸行动。这是《论语》记述鲁国大夫季文子行事谨慎稳重的话，是说季文子凡做一事，都要反复思考后再付诸行动。孔子听说季文子的事迹后，曾有一番评论说："再，斯可矣。"意思是说，"三思而后行"还不算谨慎稳重，应该再多一次才可以。由于孔子的提倡，"三思而后行"遂成了后世中国人奉行的处世格言。今日我们劝他人做事须稳重谨慎时，还常引用此语。

杀人以自生，亡人以自存，君子不为也。

【注释】出自先秦《春秋公羊传·桓公十一年》。亡，灭亡。也，句末语气助词，帮助判断。

【译文/点评】以牺牲别人的生命为代价而求得自己的生存，这是君子不做的事。此言做人不能太过自私，更不可损人而利己。

善人者，人亦善之。

【注释】出自先秦《管子·霸形》。善，善待。亦，也。之，他。

【译文/点评】善待他人的人，别人也会善待他。此言人际关系的好坏是双方互动的结果。

深则厉，浅则揭。

【注释】出自先秦《诗经·邶风·匏有苦叶》。厉，不解衣渡水。揭，提起下衣渡水。

【译文/点评】水深你就垂裳过，水浅你就撩衣渡。这是写一个女子在岸边催促情人快点过河相会之语。由此衍生的成语"深厉浅揭"，是用来比喻为人要审时度势、知道深浅，做事要因时制宜、因地制宜。

慎防其端，禁于未然。

【注释】出自汉·班固《汉书·匡衡传》。然，这样、那样。

【译文/点评】在事情的开始时就予以谨慎地预防，将不好的结果遏制于未发生之前。此言"防患于未然"的重要性。

慎则祸之不及，贪则灾之所起。

【注释】出自唐·姚崇《辞金诫》。则，那么、就。之，结构助词，放在主谓语之间，取消句子的独立性。及，到。

【译文/点评】谨慎，那么祸患就不会临头；贪婪，那么灾祸就会发生。此言为官为人都要清廉自持、谨慎戒贪，否则便会祸患临头，自取灭亡。

慎终如始，则无败事。

【注释】出自先秦《老子》第六十四章。如，像。则，那么、就。

【译文/点评】谨慎地处理事情的结尾，就像谨慎地处理事情开始一样，那么就不会有失败的事发生。意在强调做事"善始善终"的重要性。

识时务者为俊杰。

【注释】出自清·程允升《幼学琼林·人事》。

【译文/点评】此言有见识的杰出人物是不会违背时势、逆时代潮流而行动的。意谓善于"相时而动"的人才会成为英雄。这话常常被古今许多政治人物用来规劝敌人或反对者与自己合作。

使心用心，反害了自身。

【注释】出自清·吴敬梓《儒林外史》第四回。心，指心计。

【译文/点评】此言一个人太工于心计，反而迟早会害了自己。此与《红楼梦》中所说"机关算尽太聪明，反害了卿卿性命"同义。意在劝人为人处世还是厚道一些为好。

士矜才则德薄，女炫色则情放。

【注释】出自明·冯梦龙《警世通言·蒋淑真刎颈鸳鸯会》。矜（jīn），夸耀。炫（xuàn），夸耀、炫耀。则，就。放，放荡。

【译文/点评】士人自我夸耀才学，就会有碍修德；女人以美自炫，就会放荡不羁。此言有才有色都不应该自我炫耀，而应低调做人行事，才能赢得别人的尊重，才能有利于自己修身养性。

势不可使尽，福不可享尽，便宜不可占尽，聪明不可用尽。

【注释】出自明·冯梦龙《警世通言·王安石三难苏学士》。势，指权势。

【译文/点评】此言意在劝人做人处世都要留有余地，以免"盛极而衰"、"盈满而亏"的命运。

事当论其是非，不当问其难易。

【注释】出自宋·苏轼《范景仁墓志铭》。

【译文/点评】此言做事要考虑其对错，而不是考虑其难易。意谓应该做的事，再难也要做；不应该做的事，再容易也不能做。

事君数，斯辱矣；朋友数，斯疏矣。

【注释】出自先秦《论语·里仁》。事，事奉。君，国君。数，屡次，次数频繁。辱，受辱。斯，那么，就。

【译文/点评】事奉君王过于勤勉，时间久了，反会受辱；与朋友交往过于频繁，结果反而会彼此疏远起来。这是孔子学生子游对于人际交往世故的见解。揆之于现实生活，确是千古不易的真理。因为人际交往过于频繁，人性的弱点就会迅速暴露，人际的摩擦也会增多，自然会搞不好关系。因此，人们常说朋友或情人之间应该保持一种若即若离的关系是最为理想的。民间有句"小别胜新婚"的话，从夫妻关系上也道出了这个人际交往的世故与道理。

事若求全何所乐。

【注释】出自清·曹雪芹《红楼梦》第七十六回。

【译文/点评】凡事追求完美，人生还有什么乐趣呢？此言为人处世要旷达，不必太执着。

事以密成，语以泄败。

【注释】出自先秦《韩非子·说难》。以，因。

【译文/点评】行事因为秘密而能成功，言语因为泄露天机而导致失败。此言做大事务须行动秘密、言语谨慎。

事有不可知者，有不可不知者；有不可忘者，有不可不忘者

【注释】出自汉·刘向编《战国策·魏策四》。不可，不能。

【译文/点评】有些事不能知道（比如统治者的秘密、见不得人的事，你知道了就有杀身之祸），知道了反而麻烦；但有些事却是一定要知道的（比方说做人的道理、处世的规矩等），不知道你就无法处世立身了。有些事不能忘记（比方说人伦、道义、良知等），否则你就难以处世立身了；有些事你又必须忘记（比如仇恨、郁闷等），否则你就活得不痛快，生不如死。此言为人处世应该遵守的行为规范，虽然有些拗口，却非常富有哲理，对任何时代的人们如何为人处世都有参考意义。

事有曲直，言有是非。直者不能不争，曲者不能不讼。

【注释】出自南朝宋·范晔《后汉书·列女传》。曲直，无理与有理。是非，对与错。讼，争辩。

【译文/点评】事情有正当与不正当，说话有正确与不正确。是正当的事就不能不据理力争，是不正当的事就不能不争辩反对。此言是非曲直要分清，不可混淆。

事遇机关须退步，人逢得意早回头。

【注释】出自明·兰陵笑笑生《金瓶梅词话》第九十二回。机关，机谋奸诈。

【译文/点评】此言为人处世应当懂得审时度势、遇险知避、得意知退的道理。后句与俗语所说"见好就收"同义，皆是做人处世的经验。

是非只为多开口，烦恼皆因强出头。

【注释】出自明·冯梦龙《古今小说·木棉庵郑虎臣报冤》。

【译文/点评】此言多说话是惹是生非的根源，挺身而出是自寻烦恼的源头。这是中国人的"世故经"。正因为中国人自古就懂得这个做人的世故，所以在面临需要坚持原则、主持公义时，绝大多数人会选择沉默；在需要路见不平、拔刀相助时，大多数人是事不关己、高高挂起。这种世故当然有利于个人，但对社会发展是绝对有害的。

是是非非谓之智，非是是非谓之愚。

【注释】出自先秦《荀子·修身》。是是，以是为是。非非，以非为非。非是，以是为非。是非，以非为是。

【译文/点评】以是为是，以非为非，这叫作"智"；以是为非，以非为是，这叫作"愚"。此言为人应该是非分明，不然就是愚蠢之人，而非智慧之人。

水至清则无鱼，人至察则无徒。

【注释】出自汉·戴德《大戴礼记·子张问入官》。则，那么、就。至，最。察，精明。徒，朋友或追随者。

【译文/点评】水过分清澈，就不会有鱼；人太过明察秋毫，就没人愿意与他交往了。此以水与鱼的关系作比，阐明了人际关系的奥秘：要想与人处好关系，做人就不能太过精明，更不可事事较真。因此，清人郑板桥有"难得糊涂"的名言，揭示的正是中国人的这种处世哲学。

思虑熟则得事理，行端直则无祸害。

【注释】出自先秦《韩非子·解老》。则，就。

【译文/点评】思考得成熟，就会掌握事物的道理；行为端正，就能远离祸患。此言意在强调为人处世应该勤于思考、行为端正，不贸然行动，不做不义之事。

所加于人，必可行于己。

【注释】出自先秦·吕不韦《吕氏春秋·孟夏纪·诬徒》。

【译文/点评】所要施加于他人的，一定能够施行于自己。此言要求别人做到的，自己一定要能做到。

所求无不得，所欲皆如意。

【注释】出自宋·欧阳修《淮诏言事上书》。

【译文/点评】所追求的都能得到，所想的事都称心如意。此与我们今天常说的"万事如意"同义，是一种完美的人生境界。

他人骑大马，我独骑驴子。回顾担柴汉，心下较些子。

【注释】出自唐·土梵志创作的无题诗。回顾，回头看。心下，心里。较些子，指平静点、安慰点。

【译文/点评】此以骑马、骑驴与步行为喻，说明了一个为人处世的道理：凡事要有退一步想的雅量。人往高处走，这是人之常情，但若往高处走不好，就要有平常心看待。如此，才能知足常乐，安然处世。这话虽有点"阿Q"精神，却有心理疗慰的作用，于人的健康不无益处。如果一味往上比，岂不气死？健康快乐地活着，总比气死好多了。

他人有心，予忖度之。

【注释】出自先秦《诗经·小雅·巧言》。予，我。忖度（cǔn duó），揣度、揣测。

【译文/点评】他人有什么坏心眼，我一定能够猜得出。此言处世应该体察到世道人心的险恶之处。

太上有立德，其次有立功，其次有立言。

【注释】出自先秦《左传·襄公二十四年》引古语。太上，首先。

【译文/点评】此言做人的三种境界：第一等境界是树立道德形象，第二等境界是建功立业，第三等境界是著书立说。

天下本无事，庸人扰之为烦耳。

【注释】出自宋·欧阳修等《新唐书·陆象先传》。庸人，平庸、不高明的人。耳，罢了。

【译文/点评】此言天下本来没有什么事情可以忧虑的，只是庸人自扰而自寻烦恼而已。

天下难作于易；天下大作于细。

【注释】出自先秦《老子》第六十三章。难，指难事。大，指大事。细，指小事。

【译文/点评】此言天下难做的事先从容易做的做起，天下大事先从小事做起。此与我们今天所说的"从小事做起，从我做起"有相通之处，皆是说明处世应当踏实、现实的道理。

天下事当于大处著眼，小处下手。

【注释】出自清·曾国藩《致吴竹如》。天下事，指所有的事情。著眼，考虑。下手，开始。

【译文/点评】此言为人处世眼界要开阔、行动要扎实。今天我们说"大处着眼，小处着手"，即由此而来。

天下有道则见，无道则隐。

【注释】出自先秦《论语·泰伯》。有道，指政治清明。则，就。见，通"现"，指出来做官。无道，指政治不清明。隐，隐居，不出仕、不做官。

【译文/点评】天下政治清明时，就出来做官，为民办事；天下政治混乱时，就隐居不出，洁身自好。这是孔子自述做人处世的原则，既有积极进取的一面，又有消极怠工的一面，但不乏"出污泥而不染"的洁身自好之志。在万不得已的情况下，仍然不失为一种比较理想的处世原则。

图难乎其易也，为大乎其细也。

【注释】出自先秦《老子》第六十三章。图，谋划。乎，于。也，句末语气助词。

【译文/点评】谋划难事要从易处入手，做大事要先从细小之事做起。此言做事要循序渐进、注重基础的道理。

王顾左右而言他。

【注释】出自先秦《孟子·梁惠王下》。顾，回头看。他，其他事情。

【译文/点评】此言本是描写梁惠王不想回答孟子追问而

回头看其左右以回避尴尬的场景，后来引申之，用来表示对不能回答的话予以回避的处事技巧。

往者已不及，尚可以为来者戒。

【注释】出自宋·王安石《答王深甫书》。往者，指过去的事情。及，赶上、追上。尚，还。来者，指后来的事情。戒，警诫、教训。

【译文/点评】过去的事情要追悔也已经来不及了，但今后所要做的事还可以此为借鉴。此言为人处世要善于从过去的事情中吸取经验教训。

望人者不至，恃人者不久。

【注释】出自汉·韩婴《韩诗外传》。恃，靠。

【译文/点评】盼望别人来帮助，往往等不到；依靠他人，往往不能长久。此言为人处世应独立自主为好。

危邦不入，乱邦不居。

【注释】出自先秦《论语·泰伯》。邦，诸侯的封国。

【译文/点评】危险的国家不要进入，动乱的国家不要居住。这是孔子所指出的处世原则，也是避祸远害的处世世故。可见孔子并不迂腐，头脑清醒得很。

微事不通，粗事不能者，必劳；大事不得，小事不为者，必贫。

【注释】出自先秦《晏子春秋·外篇七》之十七。微事，指精细的事。粗事，粗重的事。必，一定。

【译文/点评】精细之事不会做，粗重之活干不了，那就必然一生劳苦；大事做不了，小事不愿做，那就必然终生贫贱。此言一个人要想有所作为，具备一定的技能固然重要，更关键的还在于他对做事的态度，是否有心学习，愿意努力进取。

为己重者，不知富贵可以杀身，功名可以致祸。

【注释】出自宋·林逋《省心录》。为己重者，指私心太重的人。致，招致。

【译文/点评】私心太重的人，往往不知富贵、功名也会给人带来杀身之祸。此言意在提醒世人切不可以怀有无尽的私欲，以功名而博取富贵荣华也要有所节制，不然必会盛极而衰，终有不测之祸。

为君子儒，无为小人儒。

【注释】出自先秦《论语·雍也》。儒，读书人。

【译文/点评】做道德高尚的读书人，不做道德低下的读书人。此言"儒"的两个不同境界。

为者常成，行者常至。

【注释】出自先秦《晏子春秋·内篇杂下》二十七。

【译文/点评】肯做事的人总能做成事情，肯走路的人总会到达目的地。此言勇于作为才能有所作为，意在劝人勇于实践，不要空想。

我闻忠善以损怨，不闻作威以防怨。

【注释】出自先秦《左传·襄公三十一年》载子产语。损，减少。以，连词，相当于"而"、"来"。

【译文/点评】我只听说忠厚善良能够减少别人的怨恨，没听说要威风可以防止别人的怨恨。此言防止别人的怨恨，最有效的办法是加强自身道德修养，以"忠善"待人。

无道人之短，无说己之长；施人慎勿念，受恩慎勿忘。

【注释】出自南朝梁·萧绎《金楼子·戒子篇》。无，不要。道，议论。施，施舍、帮助。慎，千万。

【译文/点评】不要议论别人的短处，不要夸耀自己的长处；对人有恩千万不要念念不忘而想着得到回报，受人之恩千万不要忘怀于心。此言意在阐明"宽以待人、严于律己"的做人道理。当然，这是一个非常高的做人境界。果能如此，一定能与人和谐相处，也一定会让自己过得身心愉快。

勿疏小善，方恢大略。

【注释】出自唐·王勃《平台秘略赞十首·幼俊第八》。勿，不。疏，疏忽、忽视。小善，小的善行。方，方才。恢，恢宏、发扬。大略，远大的谋略。

【译文/点评】不疏忽于做好小事，方才能够实现远大的计划。此言要做大事，先从认真做好小事开始。意谓做人要脚踏实地，不可好高骛远。

析理则不使有毫厘之差，处事则不使有过不及之谬。

【注释】出自宋·朱熹《四书集注·中庸第二十七章》注

语。毫厘，比喻极小。过，过头。不及，不够。

【译文/点评】此言剖析事理要准确无偏差，处理事务要恰当公正。

贤者辟世，其次辟地，其次辟色，其次辟言。

【注释】出自先秦《论语·宪问》。贤者，指有高尚道德的人。辟，通"避"，即逃避。世，此指恶浊、黑暗的社会。地，此指祸乱之地。色，此指难看的脸色，即恶人。言，此指恶言、流言蜚语。

【译文/点评】贤德的人避开恶浊的社会而隐居，次一等的避开恶地而另择良所，再次一等的不与恶人为伍，最次的则尽量避开恶言与流言蜚语。这是孔子对乱世中如何处世为人所提出的见解。虽然有些消极，但其所体现的不同流合污，力求"洁身自好"的精神还是难能可贵的。

贤者识其大者，不贤者识其小者。

【注释】出自先秦《论语·子张》载子贡语。识，通"志"，记住、把握。

【译文/点评】贤者把握事情的主要方面，不贤的人只知抓住事情的次要方面。此言处事要从大处着眼，要善于抓主要矛盾。用我们今天的话来说，就是要"抓大放小"。

陷人于危，必同其难。

【注释】出自南朝宋·范晔《后汉书·公孙瓒传》。必，一定。

【译文/点评】因为自己而连累他人陷入危境之中，就应

该与他同渡难关。此言做人不可见死不救、临危弃友。

先下手为强，后下手为殃。

【注释】出自元·纪君祥《赵氏孤儿》第四折。为殃，遭殃。

【译文/点评】此言为了抢占先机、掌握主动权而抢先采取突击行动。与成语"先发制人"同义。

先行其言，而后从之。

【注释】出自先秦《论语·为政》。行，实践。

【译文/点评】先将自己想说的实行了，然后再说出来你想说的话。这是孔子教导为人比较浮躁的学生子贡的话。其意是教人先别空口说白话，不要光说不做，应该先做后说。用今天的话来说，叫作："说一千，道一万，不如动手干一干。"干出些名堂来，就能验证你的想法如何了。这是一句推崇务实作风的名言，今天仍然具有很强的指导意义。

先忧事者后乐事，先乐事者后忧事。

【注释】出自汉·戴德《大戴礼记·曾子立事》。忧，忧虑、深刻思考。

【译文/点评】事先将事情想得复杂些，并予以充分重视，就会有成事后的快乐；事先将事情想得过于简单，盲目乐观，结果便会有败事后的苦恼。此言"谋事须在先，行事须谨慎"、"凡事豫则立，不豫则废"的道理。

先自治而后治人之谓大器。

【注释】出自汉·扬雄《法言·先知》。治，管理。

【译文/点评】先管好自己，然后再管别人，这才叫大器。此言正人先正己的道理，意谓能成大器的人，都是能对自己提出严格要求的。

巷议臆度，不足取信。

【注释】出自宋·苏轼《乞相度开石门河状》。臆度，主观想象与推测。

【译文/点评】此言道听途说、主观猜测的事，都是不能相信的。

小不忍则乱大谋。

【注释】出自先秦《论语·卫灵公》。小，指小事。则，那么、就。大谋，指大事。

【译文/点评】小事上不能忍耐，就会坏了大事。这是孔子的名言，认为一个人适度地忍让、退让不是软弱的表现，而是有成大事的志向与雅量。这话不仅是做人处世的金玉良言，更是 种千古不易的政治智慧。越王勾践忍辱为奴、卧薪尝胆而灭吴，就是孔子此言最好的注脚。

心暗，则照有不通；至察，则多疑于物。

【注释】出自唐·吴兢《贞观政要·政体》载唐太宗语。则，就。至，最。

【译文/点评】此言一个人心怀偏见，就有看不清的事；一个人太过精明，就会凡事都疑神疑鬼，不会相信他人。其意是劝人为人处世务须要有宽大的胸怀，要有相信他人的雅量。

行必履正，无怀侥幸。

【注释】出自先秦·姬发《书履》。履（lǚ），鞋，此指"走"、"踩"。

【译文/点评】行为处事一定要走正路，不要怀有侥幸之心。此为周武王自励之辞，也是所有人都应该引以为人生信条的座右铭。

言悖而出者，亦悖而入。

【注释】出自汉·戴圣《礼记·大学》。

【译文/点评】对别人说话不讲道理，别人也不会对自己讲理。此言出言要符合常理，切不可悖情悖理，那样必然没有好结果。

言不激切，则听者或未动心。

【注释】出自宋·欧阳修《论契丹侵地界状》。激切，激昂而恳切。则，那么。或，也许。动心，感动。

【译文/点评】话不说得激昂而恳切点，那么听的人也许不会深受感动而引起足够的注意。此言为了使听者印象深刻而达到交际的目的，说话是要有技巧的。

言不信者行不果。

【注释】出自先秦《墨子·修身》。果，成功、实现。

【译文/点评】说话不讲信用，做事也不会成功。此乃强调言而有信对成功做人做事的重要性。

言出于己不可塞，行发于身不可掩。

【注释】出自汉·董仲舒《元光元年举贤良对策》。

【译文/点评】自己说过的话不能阻止别人不传播，自己做过的事不能让人不知道。此与俗语"若要人不知，除非己莫为"同义，意在警示人们谨言慎行。

言而当，知也；默而当，亦知也。

【注释】出自先秦《荀子·非十二子》。知，通"智"。……也，古代汉语的一种判断句形式，相当于"……是……"。亦，也。

【译文/点评】说话说得恰当是明智，沉默得恰当也是明智。此言该说话时就说话，该沉默时就沉默，只要选择恰当，就是明智的做法，无可厚非。

言顾行，行顾言。

【注释】出自汉·戴圣《礼记·中庸》。顾，顾及、考虑。

【译文/点评】说话时要考虑到行动上是否做得到，行动时要考虑到所做的是否与所说过的话一致。此言要达到"言行一致"的目的，就必须在说做之时经过深思，三思而言，三思而行。

言无务为多，而务为智；无务为文，而务为察。

【注释】出自先秦《墨子·修身》。务，追求。文，文采。察，明察。

【译文/点评】说话不在于多，而在于说得机智；不一定要追求文采，但要讲究明察。此言说话应该以机智、明察为追求，而不必过分在修辞上做文章。

掩人者人亦掩之，陵人者人亦陵之。

【注释】出自晋·陈寿《三国志·魏书·王昶传》。掩，掩盖。亦，也。陵，欺负。之，他。

【译文/点评】掩盖他人长处的人，别人也会掩盖他的长处；欺负他人的人，别人也会欺负他。此言善待他人，才能得到他人的善待。

眼前得丧等云烟，身后是非悬日月。

【注释】出自清·陈恭尹《赠余鸿客》。得丧，得失。云烟，比喻眼前得失的暂时性；悬日月，比喻天下皆知。

【译文/点评】此言为人处世不必把眼前的利害得失看得太重，一个人做得好不好，对国家对社会有没有贡献，后世自有公论。

偃鼠饮河，不过满腹。

【注释】出自先秦《庄子·逍遥游》。偃鼠，或写成"鼹（yǎn）鼠"，即田鼠。

【译文/点评】田鼠到河中饮水，喝得再多，也不过是把肚子喝饱而已。此常用以形容一个人没有野心，对自己没有过高的要求。

业患不能精，无患有司之不明；行患不能成，无患有司之不公。

【注释】出自唐·韩愈《进学解》。业，指工作、所从事的事业。患，怕、担心。有司，主管的官员、上级领导。之，放在主谓语之间，取消句子的独立性。

【译文/点评】要担心的是自己的业务不精，不怕主管领导不能明察；只怕做事没有成就，不怕主管官员对自己不公平。此言意在强调加强自身修养、增长自己的才干才是做人第一位的。

一出而不可反者，言也；一见而不可掩者，行也。

【注释】出自汉·贾谊《新书·大政上》。反，同"返"，返回。见，同"现"，出现。……者……也，是古代汉语判断句形式。

【译文/点评】一出口就收不回的，是说出来的话；一出现就掩盖不住的，是做出来的行为。此言意在劝人为人处世时务须要谨言慎行。

一忍可以支百勇，一静可以制百动。

【注释】出自宋·苏洵《心术》。支、制，皆为"对付"、"控制"之义。

【译文/点评】此言忍耐胜于莽勇，宁静胜于冲动。这话说得是有道理的，体现了一种中国人特有的大智慧。因为忍耐虽然被动痛苦，但可以保存实力，迎来新的机遇，从而实现反守为攻的长远目标；反之，逞一时血气之勇，虽然痛快一时，却会导致鱼死网破的结局，从而彻底失去卷土重来的机会。宁静虽然无所作为，但是宁静会使人平心静气，思虑周密，寻求到最有效的应对困境的策略与方法，从而后发制人，实现自己的最终目标。"一忍"对"百勇"，"一静"对"百动"，都是夸张修辞手法的运用，意在对比中突出强调"忍"与"静"的重要性。

一为不善，众美皆亡。

【注释】出自晋·陈寿《三国志·吴书·吴主五子传》。

【译文/点评】做了一件坏事，以前做过的其他许多好事都被人忘记了。此言人为善要善始善终，修身养性要有恒心。

一言而有益于智者，莫如预；一言而有益于仁者，莫如恕。

【注释】出自先秦《孔子家语·颜回》。一言，一个字。莫如，不如。预，预防。恕，宽恕。

【译文/点评】用一个字来表达而有助于对"智"的理解的，没有比"预"字更好的了；用一个字来表达而有助于对"仁"的理解的，没有比"恕"更恰当的了。此言智的精义就是能防患于未然，仁的真谛就是善于宽恕他人。

疑心动于中，则视听惑于外。

【注释】出自宋·欧阳修《论台谏官言事未蒙听允书》。中，衷，指内心。则，那么、就。

【译文/点评】心里产生了疑问，那么对问题的认识就会受到外物的影响。此言只有心中有定见，才不会为外物所迷惑的道理。

疑行无成，疑事无功。

【注释】出自先秦《商君书·更法》。疑，指犹豫不定。

【译文/点评】行动犹豫不定，就做不成事情；做事患得患失，就不会有成功之日。此言为人处世过分谨慎、没有决断力就不易成功的道理。

以其人之道，还治其人之身。

【注释】出自宋·朱熹《四书集注·中庸第十三章》注语。以，用。道，方法。治，回击、惩治。身，自己。

【译文/点评】此言以那人用来整治别人的办法来惩治那个人自己。

溢美之言，置疑于人。

【注释】出自宋·王安石《与孙子高书》。溢美之言，指过分恭维的话。

【译文/点评】恭维称赞他人之言太过分，就会被人质疑其真实性。此言说恭维话也要适度，否则便让人觉得善意的称赞是假话。本意是想拉近人际关系，结果反而引起对方疑忌。

营于利者多患，轻诺者寡信。

【注释】出自汉·刘向《说苑·谈丛》。

【译文/点评】为利益而营谋的人多有忧患，轻言许诺的人讲信用的可能性小。此言利欲熏心的人会给自己带来祸患，轻易许诺的人无法兑现诺言而导致失信于人。其意在劝人淡薄钱财、谨言守信。

用之则行，舍之则藏。

【注释】出自先秦《论语·述而》。用，使用、重任。之，指我。则，就。行，做、出仕。舍，不用、不重任。藏，隐居、不出仕。

【译文/点评】有人请我做官，我就做；不请我，我就逍遥隐居，做我的布衣平民。这是孔子自述自己处世为人的原则，说得非常坦率。他愿意做官，一展政治抱负，为天下万民造福，也相信自己有这个能力。但是，没有机会，他也能达观地看待，乐得做个逍遥人。此话后世多被官场失意人引用，成了自己抚慰心灵痛苦的安慰剂。

有备则制人，无备则制于人。

【注释】出自汉·桓宽《盐铁论·险固》。则，就。

【译文/点评】有所准备就能先发制人，没有准备就只能受制于人，处处被动挨打。此言做事处世"有备无患"的重要性。

与人善言，暖于布帛；伤人以言，深于矛戟。

【注释】出自先秦《荀子·荣辱》。与，给。矛戟，古代的两种武器。

【译文/点评】赠人以善良之言，好比冬天的衣服一样让人感到温暖；说伤害别人的话，比用矛戟刺人还要厉害。此言为人说话不可太刻薄。今日我们常说"好话一句三春暖，恶言一句三冬寒"，说的正是此意。还有俗语"一句话说得人一笑，一句话说得人一跳"，也是讲会不会说话与人际关系的。

雨后伞不须支，怨后恩不须施。

【注释】出自明·吕坤《续小儿语》。支，撑。施，施给。

【译文/点评】此以雨后撑伞的无用为喻，说明结怨之后再来施恩的无效性。意在劝人结怨之前务须谨慎，否则就无法挽救。

欲急人所务，当先除其所患。

【注释】出自南朝宋·范晔《后汉书·韦彪传》。急，此指急人所难、帮助。所务，所从事的事情。患，忧患。

【译文/点评】想急人之所急，真心帮助别人做成一件事，就应当先帮助他消除做事过程中所遇到的忧患。此言帮助别人的原则。

欲人不知，莫若无为；欲无悔吝，不若守慎。

【注释】出自唐·姚崇《辞金诫》。欲，想。莫若，不如。吝，指感到羞耻。

【译文/点评】要想他人不知道，不如自己不做坏事；要想没有悔恨、不蒙羞受辱，不如谨言慎行。此言为人务须正派、处事务须谨慎的重要性。

欲胜人者必先自胜，欲论人者必先自论，欲知人者必先自知。

【注释】出自先秦·吕不韦《吕氏春秋·季春纪·先己》。欲，要、想。必，一定。知，了解。

【译文/点评】要想战胜别人，先要战胜自己；要想批评别人，先要检讨自己；要想了解别人，先要对自己有清醒的认识。此言为人处世一定要先从加强自身修养开始。

怨在不舍小过，患在不预定谋。

【注释】出自先秦《素书·安礼》。舍，舍弃。预，预先。定谋，谋划好、准备好。

【译文/点评】积怨在于不能原谅他人的小过，祸患在于事先没有谋划准备。此言"宽以待人"的做人原则与"有备无患"的处事道理。

愿人之相美，不乐人之相伤。

【注释】出自南朝宋·范晔《后汉书·孔融传》。愿，希望。美，赞美。伤，伤害。

【译文/点评】希望他人都能相互友爱，而不愿看到他人相互伤害。此言君子为人处世的境界。

灾人者，人必反灾之。

【注释】出自先秦《庄子·人间世》。灾，祸害。必，一定。

【译文/点评】祸害别人的人，别人一定会反过来害他。此言意在劝人莫存害人之心，意与俗语"害人之心不可有"相同。

在海外不忘国，见异俗不忘亲。

【注释】出自清·张之洞《劝学篇》。

【译文/点评】处海外不忘父母之邦，在他乡不忘自己双亲。这是晚清重臣张之洞的名言，意在要求年轻一代做人不忘本，要有报效祖国之情、报答父母之心。这话在今天、在将来永远都是正确的，值得我们每个人为人处世时牢记在心。

糟糠不饱者不务粱肉，短褐不完者不待文绣。

【注释】出自先秦《韩非子·五蠹》。糟糠，酒渣、谷皮，此指代极粗劣的食物。粱肉，指代佳肴（粱是粟的优良品种的统称，肉被古人视为高级食品）。务，追求。短褐（hè），短的粗布衣。代指最低等的衣物。文绣，绣花的衣物，代指精美的衣物。

【译文/点评】粗茶淡饭没有吃饱，就不要追求美味佳肴；粗布衣裳没有穿暖，就不要想着绫罗绸缎的美饰。此以吃饭穿衣为喻，说明人要务实、立足现实的道理。

早知今日，悔不当初。

【注释】出自明·施耐庵《水浒全传》第四十一回。

【译文/点评】此言事先没有考虑清楚，事后悔恨无济于事。

赠人以言，重于金石珠玉。

【注释】出自先秦《荀子·非相》。

【译文/点评】赠人以有益之言，比赠人以金石珠玉更显珍贵。此言有益的建言对他人事业人生的助益作用。

丈夫之志，能屈能伸。

【注释】出自清·程允升《幼学琼林·武职》。

【译文/点评】此言与我们今日常说的"大丈夫，能屈能伸"同义，皆是劝人要有忍受挫折、等待时机、东山再起的毅力与决心。

知命者不立乎岩墙之下。

【注释】出自先秦《孟子·尽心下》。乎，于、在。

【译文/点评】知道命运的人不站在岩石与墙壁之下。此言爱惜生命要有预防不测和自我保护的意识。

知无不言，言无不尽。

【注释】出自宋·苏洵《远虑》。

【译文/点评】对于所知道的一切全部说出来，既然说了，就要将话说尽说透。这是说向人进言的原则，也是古往今来被视为进谏进言的最高境界。

知者不失人，亦不失言。

【注释】出自先秦《论语·卫灵公》。知，通"智"。失人，指失去朋友。亦，也。失言，言语浪费、说了不该说的话。

【译文/点评】聪明的人既不会失去结交朋友、发现知音的机会，也不会看错人而与他人徒费口舌。这是孔子所阐明的为人处世的原则，强调的是"物以类聚，人以群分"的道理。对我们今天交朋结友仍有参考价值。

志不求易，事不避难。

【注释】出自南朝宋·范晔《后汉书·虞诩传》。

【译文/点评】立志不能放低目标，做事不应回避困难。此言为人立志要宏大、做事要不畏难。因为立志的目标太低，人就不会有奋斗的动力；没有奋斗的动力，就做不成大事，成不了大业。做事有畏难情绪，喜欢避重就轻，人的能力就得不到锻炼；能力得不到锻炼，就不会成才，不会有所成就。

质胜文则野，文胜质则史。文质彬彬，然后君子。

【注释】出自先秦《论语·雍也》。质，质朴，指仁义，也可指内容。文，文雅，指礼乐，也可指形式。胜，超过。野，粗野。则，就。史，指虚伪。彬彬，配合谐调。

【译文/点评】内容的质朴超过形式的文雅，就显得有些粗野；形式上的文雅之致超过内容上的质朴天然，就显得有些虚伪了。只有质朴与文雅配合恰当，然后才能算得上有君子之风。这是孔子就"文"、"质"之间关系的见解。由于"文"、"质"概念的多义性，后人可有不同的理解。今天我们所说的成语"文质彬彬"，即源于此，专指一个人举止文雅、态度端庄从容之貌。

中庸之为德也，其至矣乎！

【注释】出自先秦《论语·雍也》。中庸，即折中、调和，不偏不倚，无过之，也无不及。"中庸"是孔子学说中的一种最高道德标准。之，助词，放在主语与谓语之间，取消句子的独立性。也，句末语气助词。其，句首语气词，表示推测的语气，相当于"大概"。至，最大、最高。矣，句末语气助词，相当于"了"。乎，这里相当于"吧"。

【译文/点评】"中庸"作为一种道德标准，大概是最高的了吧。这是孔子对"中庸"标准的推崇之语。这一观点对后世影响很大，中国人凡事喜欢和谐，说话讲究温婉有余地，为人处世追求"刀切豆腐两面光"的世故圆滑境界，其实都是受孔子这一思想影响所致。

自知者英，自胜者雄。

【注释】出自隋·王通《文中子·周公》。

【译文/点评】此言了解自己、战胜自己，才是英雄。

交友察人

白头如新，倾盖如故。

【注释】出自汉·司马迁《史记·鲁仲连邹阳列传》引谚语。倾盖，两车的车盖相切，指路遇并车而谈。

【译文/点评】如果不能倾心相知，从初交到白头之时，也还像是初交一样，不会有什么深厚的交情；如果双方倾心相知，即使是路遇并车而谈结交的朋友，也会像老朋友一样。此言交友贵在相知的道理。

不可以一时之誉，断其为君子；不可以一时之谤，断其为小人。

【注释】出自明·冯梦龙《警世通言·拗相公饮恨半山堂》。不可，不能。以，凭。断，断定。

【译文/点评】此言不能凭一时的表现而断定一个人的好坏，要以长远的眼光作深入的考察。俗语所说"路遥知马力，日久见人心"，说的正是这个道理。

不知其子，视其友；不知其君，视其左右。

【注释】出自先秦《荀子·性恶》引古语。

【译文/点评】不知儿子的为人，看看他的朋友就清楚了；不知国君是否贤明，看看他左右的大臣是什么德行就知道了。

此言"物以类聚，人以群分"的道理。以此观点察人，那是八九不离十的。因为朋友是一个人的镜子，大臣则是国君的影子。是什么样的人就有什么样的朋友，是什么德行的国君就有什么样的大臣。

察己则可以知人，察今则可以知古。

【注释】出自先秦·吕不韦《吕氏春秋·慎大览·察今》。则，就。

【译文/点评】省察自己，就可以了解别人；考察当今世界，就可以推知古代社会。此言由此及彼是考察他人、了解古代的重要途径。

大勇若怯，大智如愚。

【注释】出自宋·苏轼《贺欧阳少师致仕启》。

【译文/点评】有大勇气的人看上去像是有点怯懦，有大智慧的人看上去好像有点愚钝。此言大勇大智的人都是深藏不露的，因此不能从表面判断一个人。

大丈夫处世，当交四海英雄。

【注释】出自晋·陈寿《三国志·蜀书·刘巴传》裴松之注引《零陵先贤传》。四海，天下、全国。

【译文/点评】此言有志男儿应当结交天下英雄，以为成就大业做准备。

观其交游，则其贤、不肖可察也。

【注释】出自先秦《管子·权修》。其，他。交游，所交往的人。则，那么。不肖，不贤。也，句末语气助词。

【译文/点评】观察一下他所交往的对象，那么就可以察知他到底是贤还是不贤了。这种从交往对象考察一个人人品的方法，是基于"物以类聚，人以群分"的原则，是相当有道理的。因为朋友往往是他本人的镜子，从他的朋友身上就可以由此及彼察知本人的品德与为人。

观人必于其微。

【注释】出自清·李宝嘉《官场现形记》。微，细微之处。

【译文/点评】此言观察一个人应当从细微的方面着手。这是比较有效的手段，因为细节方面最不为当事人所注意，却恰恰是最能反映一个人本质的地方。

海内存知己，天涯若比邻。

【注释】出自唐·王勃《送杜少府之任蜀州》。海内，指天下。天涯，天边。比喻极远的地方。比邻，近邻，古代五家相连为比。

【译文/点评】此言朋友之间只要心心相印，虽远犹近。此二句是后代最常用、最有名的送别朋友之语。其实，它并非王勃的发明，而是化自三国魏曹植《赠白马王彪》一诗："丈夫志四海，万里犹比邻。恩爱苟不亏，在远分日亲。"王勃之句妙在以二句概括了曹植的四句之意，且在表达上留有余地，含蓄隽永，可谓"青出于蓝而胜于蓝"，也可说是点石成金。后代只知王勃此句，而不知曹植原句，确实是有原因的。

寒夜客来茶当酒，竹炉汤沸火初红。

【注释】出自宋·杜耒《寒夜》。

【译文/点评】前句叙寒夜以茶代酒待客之事，后句写汤沸火红之景。后句表面是写景，暗里则是表达主人热情待客的火热之情。

鸿雁几时到，江湖秋水多。

【注释】出自唐·杜甫《天末怀李白》。

【译文/点评】此写想念、关心朋友李白的深挚之情。前句讲盼望得到李白音讯的急切之情（古人有鸿雁传书的说法），表达的是思念之情。后句以自己身在异乡（诗人此时客居秦州）的江湖漂泊之苦而推己及人，想到朋友李白孤处异乡、潦倒飘零的辛酸，表达的是关切之情。

花径不曾缘客扫，蓬门今始为君开。

【注释】出自唐·杜甫《客至》。花径，落花满地的小路。蓬门，指简陋的门。君，你，指客人。

【译文/点评】此写扫花清道、开门迎客的情景，白描叙事中透露出对友人深厚的情谊。

黄河若不断，白首长相思。

【注释】出自唐·李白《送王屋山人魏万还王屋》。

【译文/点评】此言如果黄河不断流，那么对友人思念到白头的情怀就不会改变。此以"绝语"修辞手法表达对朋友深切而不渝的感情。

黄鹤西楼月，长江万里情。

【注释】出自唐·李白《送储邕之武昌》。黄鹤，此指黄鹤楼，在今湖北武汉蛇山。

【译文/点评】此乃送别友人之句。前句是赞美友人之辞，因为黄鹤楼得名于仙人骑鹤而过的传说，将即将赴武昌的友人与骑鹤的仙人联系起来，溢美之词尽在其中矣；后句写惜别友人之情，长江本非人，无所谓情感可言，故"万里情"乃是诗人之情。两句诗既赞颂了友人，又表达了惜别友人的深情，可谓言简而意丰矣。

黄叶一离一别，青山暮暮朝朝。

【注释】出自唐·刘长卿《蛇浦桥下重送严维》。

【译文/点评】此言友人与诗人在此秋叶飘零的时节分手之后，以后每天朝夕与他相伴的只有旅途中不尽的青山。表达的是体恤友人旅途孤独的心情，凸显的则是诗人对友人深切的情谊。

吉人之辞寡，躁人之辞多。

【注释】出自先秦《周易·系辞下》。吉人，指善良之人、正人君子。躁人，指浮躁之人、小人。

【译文/点评】正人君子寡言少语，浮躁小人废话很多。此言从言语的多寡便可观察到一个人的为人。虽然有点绝对，但其中也有几分道理。

贱不害智，贫不妨行。

【注释】出自汉·桓宽《盐铁论·地广》。贱，指地位低。

贫，指没有钱财。

【译文/点评】地位卑贱并不妨碍一个人的智慧，家境贫寒并不妨碍一个人的品行。此言评价一个人的才智、德行不能根据其社会地位、经济状况来作判断。

交不为利，仕不谋禄。

【注释】出自三国魏·嵇康《卜疑》。

【译文/点评】结交朋友不是为了谋利，做官不是为了谋求俸禄。此言结交朋友是精神的需要，做官是为了做事。这是正确的人生观，也是正确的交友观。

交心不交面，从此重相忆。

【注释】出自唐·白居易《伤唐衢二首》。

【译文/点评】此言交友重在内心的真诚，而不在表面的形式。

交友投分，切磨箴规。

【注释】出自南朝梁·周兴嗣《千字文》。分，缘分。切磨，切磋。箴（zhēn），规劝。规，规劝。

【译文/点评】交友在于情投意合，彼此切磋规谏。此言交友的基础是投缘，交友的目的是相互切磋、规劝，以期共同进步。

骄倨傲暴之人，不可与交。

【注释】出自先秦《管子·白心》。倨（jù），傲慢。交，结交。

【译文/点评】此言骄横、傲慢、粗暴之人不能与他结交。因为朋友关系是靠感情维系的，是靠真诚的态度相处的。

结交淡若水，履道直如弦。

【注释】出自唐·杜淹《寄赠齐公》。履道，践行道义。

【译文/点评】待友有君子之风（用庄子"君子之交淡如水"的句意），践行道义而义无反顾。此以比喻修辞手法，形象地表现了齐公人格高尚的境界。

结交莫羞贫，羞贫友不成。

【注释】出自汉·无名氏《古诗》。羞贫，以朋友贫困为羞。

【译文/点评】此言结交朋友不能嫌贫爱富，否则便做不成朋友。这是对的，因为交朋结友的意义乃在精神和情感的寄托与交流，而不是为谋取实际的利益。

结交一言重，相期千里至。

【注释】出自唐·虞世南《结客少年场行》。期，约定时间。

【译文/点评】此写侠义少年重情重义的性格特点。"一言重"与"千里至"都是夸张的说法，前者强调结交的一诺千金，后者强调赴约的义无反顾。

结交在相知，骨肉何必亲。甘言无忠实，世薄多苏秦。

【注释】出自汉·乐府古辞《箜篌谣》。何必，未必。甘言，甜言蜜语、奉承之言。世薄，世情浇薄。苏秦，战国策士，曾以游说诸侯而挂六国相印。历史上多认为他是反复无信的小人，善耍嘴皮子。此以苏秦代指善于花言巧语之人。

【译文/点评】此言乃在强调结交朋友贵在相知、心心相印，认为知心朋友胜过骨肉至亲，提醒世人千万别轻信花言巧语之人。

今日乐相乐，别后莫相忘。

【注释】出自三国魏·曹植《怨歌行》。

【译文/点评】此乃对朋友莫忘旧情的殷切叮咛之语。

今日乌合，明日兽散。

【注释】出自明·张萱《复刘冲倩书》。

【译文/点评】今天像乌鸦一样苟且聚合在一起，明天就会像鸟兽一样各奔东西了。此以鸟兽的习性作比，说明结交朋友要慎重，不可苟且、随便的道理。

经事还谙事，阅人如阅川。

【注释】出自唐·刘禹锡《酬乐天咏老见示》。谙（ān），熟悉。

【译文/点评】此言经历了一定的世事后还得再熟悉世事，看人一定要像看不断变化的流水。意谓人世非常复杂，不得不慎之又慎。

居必择乡，游必就士。

【注释】出自先秦《荀子·劝学》。乡，古代的一种居民组织。必，一定。游，交游。就，接近。士，指贤士。

【译文/点评】定居一定要选择适当的邻里，交游一定要接近贤士。此言要加强道德修养，就应该注意周围环境。说的是"近墨者黑，近朱者赤"的道理。

居则视其所亲，富则视其所与，达则视其所举，穷则视其所不为，贫则视其所不取。

【注释】出自汉·韩婴《韩诗外传》卷三。居，居住，此代指日常生活。亲，亲近。与，结交。达，指得意。举，举荐。穷，指失意、不得意。贫，贫困、无钱。

【译文/点评】日常生活中看看他亲近什么人，富有了就观察他都结交些什么样的朋友，得意发达了就看看他举荐什么样的人，不得意时观察哪些事他始终坚持不做，贫困之时看看什么样的钱财他不轻取。此言一个人的品德为人可以通过日常生活细节以及他在特定情况下的特定表现来考察，这确是一个察人知人的有效途径。因为日常生活细节虽然微不足道，却能于细微处反映一个人的本质；特定情况（如贫富、穷达）下，最能于关键时刻体现出一个人的精神世界。

君不见今人交态薄，黄金用尽还疏索。

【注释】出自唐·高适《邯郸少年行》。交态，结交的态度。薄，浇薄、浅薄。疏索，疏远。

【译文/点评】此言现在的人情浇薄，结交的态度太过功利，黄金用尽之日，也就是关系疏远之时。意谓建立在钱财基础上的交情是靠不住的。

君子淡以亲，小人甘以绝。

【注释】出自先秦《庄子·山木》。以，而。绝，绝情。

【译文/点评】君子之间的交情看似平淡，却很自然亲切；小人之间的交情看似热乎，实则易于断绝。此言君子之交与小人之交在境界上的差异。

君子忌苟合，择交如求师。

【注释】出自唐·贾岛《送沈秀才下第东归》。苟，马虎、随便。

【译文/点评】此言君子选择朋友应该像选择老师一样谨慎，而不可随便与不恰当的人结交。

君子交有义，不必常相从。

【注释】出自三国魏·郭遐叔《赠嵇康二首》。从，跟从、顺从。

【译文/点评】此言君子之交重在情义，而不在乎常常在一起黏黏糊糊的亲密形式。

君子交绝，不出恶声。

【注释】出自汉·刘向编《战国策·燕策二》。恶声，指难听的话或辱骂的话。

【译文/点评】君子与人断绝交情，不会口出恶言。此言君子有不同于常人的修养与雅量。

君子上交不谄，下交不渎。

【注释】出自先秦《周易·系辞下》。渎（dú），轻慢、亵渎。

【译文/点评】君子结交地位高的朋友不讨好献媚，结交地位低的朋友不态度轻慢。此言结交朋友讲的是情感，而不是权势地位。因此，无论是对地位高于自己或低于自己的朋友，都要以真诚待之，态度不卑不亢。

君子以文会友，以友辅仁。

【注释】出自先秦《论语·颜渊》。君子，有德行的人。以，用。文，文章、学问。辅，培养。仁，仁德。

【译文/点评】君子以讨论文章学问来结交朋友，通过朋友的帮助来培养仁德。这是孔子学生曾子对"交友之道"的认识。今天我们说"以文会友"，即源于此。

君子与君子以同道为朋，小人与小人以同利为朋。

【注释】出自宋·欧阳修《朋党论》。道，道德信念。利，利益、利害关系。

【译文/点评】君子之间的友谊是建立在相同的道德信念基础之上，小人之间的交情则是以相同的利害关系为基础。此乃通过对比君子之交与小人之交的差异，强调两者在道德水准上的高下。

君子之交淡如水，小人之交甘若醴。

【注释】出自先秦《庄子·山木》。

【译文/点评】君子与人交往平淡如水，小人与人交往浓烈得就像甜酒。此以比喻修辞手法生动形象地说明了君子与小人在与人交往上的差异。

君子之接如水，小人之接如醴；君子淡以成，小人甘以坏。

【注释】出自汉·戴圣《礼记·表记》。接，交接、交往。醴（lǐ），甜酒。以，而。

【译文/点评】君子待人接物平淡如水，小人待人接物甜蜜如醴；君子平淡的交情能够长久，小人热乎的交情却容易破裂。此言君子与小人待人接物的区别，也反映了两者在道德水准上的巨大反差。

开门复动竹，疑是故人来。

【注释】出自唐·李益《竹窗闻风寄苗发司空曙》。故人，朋友。

【译文/点评】清风吹过，门开竹响，而诗人却疑是老友来访。这种故写幻觉的笔法，于"不著一字"中将诗人期盼故人来访的热切心理表现得淋漓尽致。

客舍休悲柳色新，东西南北一般春。若知四海皆兄弟，何处相逢非故人。

【注释】出自宋·陈刚中《阳关词》。客舍，旅馆。一般，一样。若，如果。故人，朋友、熟人。

【译文/点评】唐代诗人王维的《渭城曲》"渭城朝雨浥轻尘，客舍青青柳色新。劝君更尽一杯酒，西出阳关无故人"，是感伤朋友离别之情的。陈氏上面四句乃反其意而写送别朋友之情，表现的是一种达观的精神，一扫王维原诗的感伤情调，给人以一种积极乐观的感受。

凉风起天末，君子意如何。

【注释】出自唐·杜甫《天末怀李白》。天末，此指诗人当时客居的秦州（今甘肃天水）。君子，指李白。意如何，怎么样。

【译文/点评】客居边远的秦州，由秦州的秋风凉而想到因"永王起兵事件"卷入政治漩涡之中而被流放于夜郎（在今贵州正安西北）的友人李白。由自己的冷暖而自然想到朋友的冷暖，一句"君子意如何"的平常问候，其间所包含的朋友关切之情有多深，则尽可知矣。

马逢伯乐而嘶，人遇知己而死。

【注释】出自明·罗贯中《三国演义》第六十回。嘶，叫。伯乐，是古代善于相马的人。

【译文/点评】此以千里马见到伯乐才鸣叫作比，说明贤能之士只有遇到真心礼遇他的知己才会全心报效。其意是强调义士重情义的心理特点。

门内有君子，门外君子至。

【注释】出自明·冯梦龙《警世通言·俞伯牙摔琴谢知音》。

【译文/点评】此言君子之间是声气相通的，有共通的道德信仰，自然物以类聚而成朋友。

面相不如心相。

【注释】出自明·冯梦龙《古今小说·裴晋公义还原配》。

【译文/点评】此言察人应当重在了解他的心地与为人的

本质，切不可被其表面忠厚的外貌所迷惑。

宁我负人，毋人负我。

【注释】出自晋·陈寿《三国志·魏书·武帝纪》裴松之注引孙盛《杂记》。负，背弃。毋，不要。

【译文/点评】宁可我辜负别人，也不让别人背弃我。此乃汉末乱世之雄曹操的为人处世的名言，历来备受谴责，原因无他，它违背了做人的基本伦理，不符合中国人"以德报怨"、"知恩图报"、"严于律己，宽以待人"的处世传统。

朋而不心，面朋也；友而不心，面友也。

【注释】出自汉·扬雄《法言·学行》。朋，友。上古"朋"与"友"有别，同门（同师）为朋，同志为友。心，此指真挚的感情。也，句末语气助词，帮助判断。

【译文/点评】此二句同义，皆言表面结为朋友关系，实际上彼此对待并无真挚感情，只是形式上的朋友而已。其意是强调交友要交心的原则。

朋友合以义，当展切偲之诚。

【注释】出自清·程允升《幼学琼林·朋友宾主》。合，聚合。切偲（sī），互相切磋、互相督促。

【译文/点评】朋友是以义而聚合到一起的，因此应当展现相互切磋、相互督促的诚意。此言朋友之道既要讲道义、讲诚意，更要追求相互切磋、相互督促而共同进步的境界。

朋友之道，有义则合，无义则离。

【注释】出自南朝宋·范晔《后汉书·朱穆传》注引蔡邕《正交论》。道，方法。

【译文/点评】此言朋友是以义而结交的，义不存在，友情也就不复存在。

人生贵相知，何必金与钱？

【注释】出自唐·李白《赠友人三首》。

【译文/点评】此言与朋友相交，讲究的是彼此的情投意合，值得珍视的是彼此之间心灵的契合，而不是金钱等物质上的东西。意谓结交在结心。

人生结交在终始，莫为升沉中路分。

【注释】出自唐·贺兰进明《行路难五首》。终始，有始有终。升沉，指仕途的顺逆。中路，半途。

【译文/点评】此言结交朋友应该善始善终，不要受到仕途顺逆和地位高低的影响。

人生交契无老少，论交何必先同调。

【注释】出自唐·杜甫《徒步归行》。契，投合、相合。同调，指理念、志向、情趣等相一致。

【译文/点评】此言结交朋友只要情投意合，不必分年龄老少；有没有交情，也不在于是否理念、情趣完全相一致。这一交友观比较达观，明显不同于传统的那种狭隘的观点。

人由意合，物以类同。

【注释】出自汉·王褒《四子讲德论》。意，情意、情趣、志向。

【译文/点评】此言人与人的契合结交是靠情趣或志向的一致，就像自然界同类物种聚集而生一样。

人之相知，贵相知心。

【注释】出自汉·李陵《答苏武书》。之，放在主谓语之间，取消句子的独立性。知，交好、相亲。

【译文/点评】人与人交好，最可贵的是坦诚相见、以心换心。此言交友相知的最高境界是一种心灵上的契合与真诚相待。

三五夜中新月色，二千里外故人心。

【注释】出自唐·白居易《八月十五日夜禁中独直对月忆元九》。三五，指十五日。

【译文/点评】此写月圆之夜望月怀友的深情。十五月圆，本是自然现象，也是平常之事。但诗人望见月圆，就情不自禁地想到远在数千里之外的朋友元稹，这种深切念友之意虽然没有明说，却尽在字里行间矣。

少年乐新知，衰暮思故友。

【注释】出自唐·韩愈《除官赴阙至江州寄鄂岳李大夫》。新知，新朋友。衰暮，指年老之时。

【译文/点评】此言人在年少时喜欢结交新朋友，年老时总爱念叨故旧。这揭示了人在不同年龄阶段不同的感情特点。

审其所好恶，则其长短可知也。

【注释】出自先秦《管子·权修》。审，考察。其，他的。则，就。长短，优缺点。也，句末语气助词。好恶，指喜欢什么、厌恶什么的倾向。

【译文/点评】考察一下他的好恶倾向，就可以知道他为人的优缺点了。此言一个人的是非观即是他自己品德的反光镜，由这面镜子就能看出他自己的品德与价值取向。

士别三日，即更刮目相待。

【注释】出自晋·陈寿《三国志·吴书·吕蒙传》裴松之注引《江表传》。

【译文/点评】此言看人要有发展的眼光，不可将人看死。

士为知己者死，女为悦己者容。

【注释】出自汉·刘向编《战国策·赵策一》引古语。

【译文/点评】义士为引为知己的人不惜舍弃生命，女人为了喜欢自己的人而梳妆打扮。此言友情、爱情是建立在真诚的感情基础之上的，只有征服对方的心才能真正获得。

士有争友，则身不离于令名。

【注释】出自先秦《孝经·谏诤章》。争，同"诤(zhèng)"。争友，指能直言相劝的朋友。则，那么。令名，好名声。

【译文/点评】士有诤友，那么就不会犯错而一直有好名声。此言交友当交诤友的道理。

世路知交薄，门庭畏客频。

【注释】出自唐·杜甫《从驿次草堂复至东屯茅屋二首》。世路，现实世界。知交，指知心朋友。

【译文/点评】此言世上知心的朋友少，所以很怕那些带有功利目的的客人频繁上门。意谓没有知心之交，不必与人假意周旋。

势利之交，古人羞之。

【注释】出自南朝宋·刘义庆《世说新语·忿狷》。

【译文/点评】以权势与利害关系为考量而结交，这是古人以之为羞耻的事。此言意在强调结交应重感情，以志向、情趣的一致为基础，而不应该带有功利主义的色彩。不然，就亵渎了结交的真义。

视其所好，可以知其人焉。

【注释】出自宋·欧阳修《有美堂记》。好，爱好、嗜好。焉，句末语气助词。

【译文/点评】看看他有什么样的爱好，就能知道他是什么样的人了。此言一个人的爱好最能反映一个人的品位。今天我们提倡领导干部要有健康的爱好，正是此理。

视其所以，观其所由，察其所安。

【注释】出自先秦《论语·为政》载孔子语。所以，指所做的事。所由，指做事的动机或采用的方法。所安，指所心安的事。

【译文/点评】观察他的所作所为，体察他的行为动机，考察他所认为心安理得的事。这是孔子所提出的从行为、动机、良知三个方面对人予以考察的方法。

四海之内，皆兄弟也。

【注释】出自先秦《论语·颜渊》。四海之内，指天下。也，句末语气助词。

【译文/点评】天下人都是兄弟。这是孔子学生子夏在回答同学司马牛慨叹自己没有兄弟之忧时所发的议论，体现了一个君子与天下人相爱的阔大胸襟。由此，中国自古及今无数行走于江湖之上的人们，嘴上便有了一句响亮的口头禅，异姓朋友、陌生人相交结义也有了一种理论依据。

谈笑有鸿儒，往来无白丁。

【注释】出自唐·刘禹锡《陋室铭》。鸿儒，大儒，指学识渊博的大家。白丁，指平民，没有功名的人。

【译文/点评】此言与自己往来的都是博学之士，没有圈外的俗人。意在夸耀自己交际圈子的高雅，从而突出表现室陋而人不俗的意旨。

天下无有不散筵席。

【注释】出自明·冯梦龙《醒世恒言·徐老仆义愤成家》。

【译文/点评】此以盛筵也要散为喻，说明了朋友之间有聚便会有散的道理。

天地无全功，圣人无全能，万物无全用。

【注释】出自先秦《列子·天瑞》。全，完美、齐全。

【译文/点评】此言世界上的万事万物都没有十全十美的。意谓要对人、物、事进行客观的分析，不可求全责备。俗语"金无足赤，人无完人"，说的正是这个道理。

听其言，而观其行。

【注释】出自先秦《论语·公冶长》。其，指示代词。

【译文/点评】对于一个人，我们不仅要听他怎么说，还要看他怎么做。这是孔子对于正确评价一个人所提出的标准，今天我们仍然时时引用此语来告诫他人要好自为之，要言行一致。

同贵相害，同利相忌。

【注释】出自先秦《素书·安礼章》。

【译文/点评】地位尊贵相当的人，彼此就会互相倾轧；有相同利益追求的人，就会彼此排斥。这是自古以来的世情，究其原因，乃在于利益的冲突。

同美相妒，同智相谋。

【注释】出自先秦《素书·安礼章》。同美，姿色相当的美女。同智，智慧相敌的人。谋，算计。

【译文/点评】美貌相当，就会相互妒忌；智慧相侔，就会相互算计。此言姿色相当、智慧相当的人是相互排斥的，成不了朋友。究其原因，乃在于利益的冲突。

同声相应，同气相求。

【注释】出自先秦《周易·乾》。应，共鸣。求，感应。

【译文/点评】声调相同就会产生共鸣，气味相同就会相互吸引。此以同声相和而成乐、事物相同而互相感应的物理特征，比喻人与人之间只有情投意合才能结成亲密的朋友关系。今日我们说"情投意合"、"臭味相投"，说的正是人与人之间这种结交的基础。

同声则异而相应，意合则未见而相亲。

【注释】出自汉·戴德《大戴礼记·保傅》。

【译文/点评】声音相同，不同的物体之间就会产生共鸣；情意相合，未曾见面而心中就彼此亲近了。此以同声相应的物理现象作比，说明情投意合是结交成友的根本基础。

同恶相助，同好相留，同情相成，同欲相趋，同利相死。

【注释】出自汉·司马迁《史记·吴王濞列传》。

【译文/点评】有相同的厌恶对象，就会彼此相助；有相同的爱好，就会彼此挽留；有相同的情感，就会相互结盟；有相同的欲望，便会协调行动、共同追逐；有相同的利益，就会共同协力、拼死而争。此言有相同的爱恶情感与一致的利益关系，不同的人、不同的集团便会结成同盟。也就是说，情感和利益关系是人与人之间结盟、结交的基础。

同心而共济，始终如一，此君子之朋也。

【注释】出自宋·欧阳修《朋党论》。济，渡水。朋，友。也，句末语气助词，帮助判断。

【译文/点评】同心同德共渡难关，顺境与逆境中始终如一，这才是君子之交的朋友。此言君子之交的特点是患难与共，而不是得意之时趋炎附势，失意之时作鸟兽散，甚至落井下石。

外合不由中，虽固终必离。

【注释】出自晋·傅玄《何当行》。外合，指外表形式上结交。不由中，不发自内心的真情实感。虽，即使。

【译文/点评】此言交朋结友不是出于真心实意，而是由于暂时的利害关系而结成表面上的同盟或友谊，即使可以保持一定时间的稳定性，但终究是要分崩离析的。此言意在强调结交应当出自真情实意，不可出于实际的功利目的，否则便不能长久。

枉士无正友，曲上无直下。

【注释】出自先秦《素书·安礼章》。枉士，不正直的人。曲上，指不正直的上司。直下，正直的下属。

【译文/点评】不正直的人是不会有正直的朋友的，不正直的上司是不会有正直的下属的。此言朋友之间、同僚上下级之间的相互影响，同时也揭示了"物以类聚，人以群分"的道理。

唯我忆君千里意，一年不见一重深。

【注释】出自唐·雍陶《恨别二首》之二。

【译文/点评】此写思念友人的深切之情。友人离去，走得越来越远，离开的时间越来越长，但思念之情不仅不随时间的逝去而冲淡，反而一年比一年深。这是何等深挚的情感呢？真是感人至深。

唯有相思似春色，江南江北送君归。

【注释】出自唐·王维《送沈子福归江东》。

【译文/点评】此言思念之情就像江南江北无处不在的春色一样无处不在，表达的是对友人的深切留恋之情。

乌鸟之狡，虽善不亲；不重之交，虽固必解。

【注释】出自先秦《管子·形势》。乌鸟，乌鸦。狡，通"交"。重，慎重。

【译文/点评】乌鸦聚集在一起，看似关系很好，其实并不亲近；不慎重结交的朋友，即使关系暂时稳固，迟早也要破裂。此言意在强调结交朋友要慎重，要交能够真诚相待、善始善终的朋友。

毋友不如己者，过则勿惮改。

【注释】出自先秦《论语·子罕》。毋（wú），不要。友，与……交朋友，结交。不如己者，不如自己的人。过，有过错。则，就。勿，不要。惮（dàn），怕、畏惧。改，改正。

【译文/点评】交朋友不要结交那些道德不如自己的人，有了过错就不要怕改正。这是孔子教育学生的话，认为结交了不好的朋友会受到坏的影响，有了过错就要改，不要讳疾忌医。这个观点是对的，在今天对我们修身养性、加强品德修养仍有指导意义。今天我们说"近朱者赤，近墨者黑"、"有错就改"，其意与此同矣。

恶而知其美，好而知其恶。

【注释】出自明·冯梦龙《警世通言·拗相公饮恨半

山堂》。

【译文/点评】厌恶一个人而能了解到他的优点，喜欢一个人而能了解到他的缺点。此言察人要有客观公正的雅量，切不可感情用事，要么全盘肯定一个人，要么全盘否定一个人。因为每个人都不可能是完人，总有优点与缺点。

狎甚则相简，庄甚则不亲。

【注释】出自汉·刘向《说苑·谈丛》。狎（xiá），亲近而不庄重。甚，过分。简，简慢、怠慢。庄，庄重、严肃。则，就。

【译文/点评】朋友之间太过亲热随便，便会产生怠慢之情；太过严肃客气，就没有亲近之感。此言朋友交往应该把握好亲热与庄重的尺度，做到恰到好处，才会有益于增进感情与友谊。

贤圣之接也，不待久而亲；能者之相见也，不待试而知。

【注释】出自汉·刘向《说苑·尊贤》。之，放在主谓语之间，取消句子的独立性。接，交往。也，句中语气助词，帮助停顿。

【译文/点评】圣人贤人之间的交往，不必多长时间就能关系亲近；贤能的人相见，不必测试就能彼此了解。此言贤能的人都有察人知人的眼力。

相视而笑，莫逆于心。

【注释】出自先秦《庄子·大宗师》。莫逆于心，指内心默契。

【译文/点评】彼此相看而笑，内心默契投合。此写子祀、子舆、子梨、子来四人（庄子假托的人物）相互结交为友时的状态。今日我们所说"莫逆之交"，说的正是这种情况。

相形不如论心，论心不如择术。

【注释】出自先秦《荀子·非相》。相，观察。术，方法。

【译文/点评】察看一个人的外貌，不如用心体察他的心理；体察他的心理，不如考察他做事的方法。此言对人的考察应当重视其内心与做事的方法，而不应该停留在外表的体貌特征上。其意是否定"相人之术"的科学性。

相知无远近，万里尚为邻。

【注释】出自唐·张九龄《送韦城李少府》。无，无论。尚，还。

【译文/点评】此言只要是相知的朋友，无论相隔距离是远是近，都会像是比邻而居一样。意谓相知在于彼此心灵的相通，而不在乎朝夕相处、形影不离。

惺惺惜惺惺，好汉识好汉。

【注释】出自明·施耐庵《水浒全传》第二回。惺惺，指聪明的人。

【译文/点评】此言有才能的人互相爱惜、互相赏识。其实，这种爱惜与赏识实质上是一种自我欣赏的心理表现，是一种将自爱、自赏投诸他人的表现。

胸中襞积千般事，到得相逢一语无。

【注释】出自宋·尤袤《寄友人》。襞积（bì jì），衣服上的褶子，此指堆积、积聚。

【译文/点评】此言平时想到朋友时好像有千言万语要倾吐，但到了相逢之时却又一句也说不出来。此言情深难言、欲说还休的一种情感状态。

要成好人，须寻好友。

【注释】出自明·吕得胜《小儿语》。

【译文/点评】此言好朋友有益于人的进步。

一流之人能识一流之性，二流之人能识二流之美。

【注释】出自三国魏·刘劭《人物志·接识》。性，指性格、性情。美，指长处。

【译文/点评】此言才识决定见识、智慧决定眼光的道理。

夜雨剪春韭，新炊间黄粱。

【注释】出自唐·杜甫《赠卫八处士》。间，夹杂。

【译文/点评】此写春夜雨中剪韭做饭待客的生动情景，表现的是一种浓浓的友情，更带有一种质朴感人的人性光辉。

以财交者，财尽而交绝；以色交者，华落而爱渝。

【注释】出自汉·刘向编《战国策·楚策一》。以，靠、凭。以色交，靠美色结交。华落，花落，指美色衰退。渝，改变。

【译文/点评】以钱财为基础而建立起来的交情，钱财用尽便会交情断绝；靠美色吸引而建立起的爱情，年老色衰后，爱情便不复存在。此言结交朋友、建立爱情都应该建立在真挚的感情之上，而不能带有功利主义色彩，否则交情或爱情便难以维系。

以势交者，势倾则绝；以利交者，利穷则散。

【注释】出自隋·王通《文中子·礼乐》。以，凭、靠。势，权势。

【译文/点评】靠权势建立起来的交情，权势没了就会断绝；以利益为目的而建立起来的交情，利益不存在了就会自行解散。此言建立在权势、利害关系基础上的交情是靠不住的，交情应当建立在志同道合、情趣相投的感情基础之上。

以文常会友，唯德自成邻。

【注释】出自唐·祖咏《清明宴司勋刘郎中别业》。

【译文/点评】此言有文章就有机会常与朋友交流，与道德理念一致的人相处自然易于结交成友。以文会友，是文人的雅趣；切磋交流，是提升个人道德修养的重要途径。这正是此诗句所要强调的意旨。

益者三友，损者三友。友直，友谅，友多闻，益矣；友便辟，友善柔，友便佞，损矣。

【注释】出自先秦《论语·季氏》。益，有益的。损，有害的。直，正直。谅，诚信。多闻，见闻广博。矣，句末语气助词。便（pián）辟，阿谀奉承。善柔，当面恭维背后诽谤。便（pián）佞（nìng），善于花言巧语，逢迎谄媚。

【译文/点评】有益的交友有三种，有害的交友也有三种。与正直的人交友，与有诚信的人交友，与见多识广的人交友，都是有益的；与阿谀奉承的人交友，与口蜜腹剑的人交友，与善于花言巧语的人交友，都是有害的。这是孔子对交友的几种情况所作的概括，同时也提出了交友的具体标准。今天看来，这一标准仍然有参考价值。

呦呦鹿鸣，食野之苹。我有嘉宾，鼓瑟吹笙。

【注释】出自先秦《诗经·小雅·鹿鸣》。呦呦（yōu），鹿的叫声。苹，艾蒿。叶青色，茎似箸而轻脆，始生香，可生食。

【译文/点评】群鹿引伴呦呦鸣叫，相与食蒿原野中。我有嘉宾来作客，鼓瑟吹笙来相迎。这是运用比兴修辞法，以鹿鸣呼朋引伴来引出鼓瑟吹笙迎嘉宾的场景，描写两千多年前的贵族们奏乐宴客的生动情景，让人如见如闻。汉末曹操《短歌行》将此四句写入其诗中，表达的是招贤纳士的希望。

友如作画须求淡，山似论文不喜平。

【注释】出自清·翁照《与友人寻山》。

【译文/点评】结交朋友应当像作画一样，必须讲究平淡；欣赏山峦景色则应当像欣赏文章一样，讲究的是雄奇与不寻常。此以比喻修辞手法形象生动地阐述了交友与看山的不同境界。前句化自《庄子》"君子之交淡如水"，强调交友要交君子。

有朋自远方来，不亦乐乎？

【注释】出自先秦《论语·学而》。朋，朋友。自，从。亦，也。乎，疑问语气词，相当于"吗"。

【译文/点评】有朋友从远方来访，不也是非常快乐的事吗？这是孔子教导学生的话，说人应该重视朋友情谊，要有好客之心。中国人之所以自古以来便有好客的传统，恐怕与孔子的这话有着密切关系。重视朋友情谊是中国悠久的文化传统，现实生活中也有其实用价值。因为人是社会动物，要立身于这个社会中。因此，一个人除非不走出家庭，否则他总得要有朋友。中国自古以来就有一句老话，叫作"在家靠父母，出外靠朋友"，说的就是这个意思。

与朋友交，言而有信。

【注释】出自先秦《论语·学而》。

【译文/点评】与朋友结交，所承诺的一定要做到。这是孔子对结交朋友的要求。众所周知，朋友之间没有血缘关系，完全可以合则聚，不合则散。因此，真正能维系朋友之谊的，事实上只有一个"信"字，自古皆然。孔子的话之所以经过两千多年还被奉为名言，就在于它道出了朋友之谊建立的基础——信。

欲交天下士，未面已虚襟。

【注释】出自唐·贺遂亮《赠韩思彦》。未面，未曾见面。虚襟，虚怀、虚心。

【译文/点评】此言要想结交天下的贤士，首先要有谦虚之心与虔诚之情。意谓结交贤士的目的是为了向他们学习，提升自己的德才，而不是其他。

欲立非常之功者，必有知人之明。

【注释】出自宋·苏轼《拟进士对御试策》。欲，想。非常，不平常。必，一定。明，明察。

【译文/点评】想要建立卓越的功业，一定要有知人的明察。此言要建不世之功，一定要有识别优秀人才的敏锐眼光。

遇急思亲戚，临危托故人。

【注释】出自元·纪君祥《赵氏孤儿大报仇杂剧》。故人，旧友。

【译文/点评】此言在危急之时只有亲戚与旧友才是最值得信赖的。意谓世态人情险恶，他人皆不可信。

愿车马衣轻裘与朋友共，敝之而无憾。

【注释】出自先秦《论语·公冶长》。愿，希望。衣轻裘，应当是"衣裘"，"轻"为衍字。敝，破。

【译文/点评】希望自己的车马、皮袍与朋友共用，破了也没有遗憾。这是孔子学生子路的人生理想，表现了子路重友情的豪爽性格。

丈夫志四海，万里犹比邻。

【注释】出自三国魏·曹植《赠白马王彪》。志，志在。四海，天下。犹，好像。比邻，隔壁邻居。

【译文/点评】此乃诗人赠别白马王曹彪之句，意在说明他们的兄弟之情并不会因为山水相隔而疏远，只要彼此心中互念，身在万里之远，也如比邻而居。诗人同时勉励曹彪要有大丈夫志在四方的胸襟，正确对待兄弟之别。后来唐代诗人王勃有名诗"海内存知己，天涯若比邻"，即由此化生而来，成为赠友的千古名言。

朝朝唯落花，夜夜空明月。

【注释】出自隋·杨素《赠薛内史诗》。

【译文/点评】此写日夜思念朋友的深情。

知其心而听其言。

【注释】出自唐·刘禹锡《为裴相公让官第三表》。

【译文/点评】了解他的心情，还应该听听他的话。此言察人要内外兼顾。言为心声，通过其言语，可以印证自己对他人心理的推测是否正确。

知人不易，人不易知。

【注释】出自唐·骆宾王《自叙状》。

【译文/点评】了解别人不容易，别人也不是那么容易被了解的。此言从主动与被动两个方面阐明了知人之难。

知人既以为难，自知诚亦不易。

【注释】出自唐·吴兢《贞观政要·择官》载魏徵语。诚，确实。亦，也。

【译文/点评】了解别人固然很难，但了解自己也并不容易。此言知人与自知都不是容易的事。

知人则哲。

【注释】出自先秦《尚书·皋陶谟》。则，就。哲，聪明、有才能。

【译文/点评】了解别人就聪明。此言知人的重要性。

志同而气合。

【注释】出自唐·韩愈《徐泗豪三州节度掌书记厅石记》。气合，意气投合。

【译文/点评】志向相同，则意气相投。此言与成语"志同道合"同义，强调的是朋友的聚合是以志向、意气的一致作为纽带的。

忠告而善道之，不可则止，毋自辱焉。

【注释】出自先秦《论语·颜渊》。忠告，真诚地劝说。道，通"导"，即开导。不可，不听从。止，停止、作罢。毋，不要。自辱，自取其辱。焉，句末语气助词。

【译文/点评】对于朋友要真诚地劝告，并且好好地开导他。如果他听不进就作罢，不要继续下去而自取其辱。这是孔子在回答学生子贡有关"交友之道"时所提出的观点。这一原则今天也仍然适用。

周公恐惧流言日，王莽谦恭未篡时。向使当初身便死，一生真伪复谁知？

【注释】出自唐·白居易《放言五首》。周公，指周代辅佐周成王的姬旦，周文王之子，周武王之弟，周武王死后摄政辅佐年幼的周成王，为周室的稳定作出了杰出的贡献。王莽，西汉外戚，先摄政，后取汉而自代，建立政权"新"，称帝十四年。向使，假使。

【译文/点评】此言周公姬旦大公无私辅佐周成王而被流言非议，王莽没有篡位称帝之时也是谦恭有礼而受人称赞的。可是，到了最后，周公终其一生没有篡位之心，而王莽则晚节不保，做了逆臣。如果王莽死得早，岂不是也有周公一样的好名声，他的为人真伪谁能推知呢？这是感叹知人实在是难，其意是强调对一个人的评价不要过早。俗语"盖棺才能论定"，说的正是此理。

醉眠秋共被，携手日同行。

【注释】出自唐·杜甫《与李十二白同寻范十隐居》。

【译文/点评】此写诗人与李白秋日醉酒则共被眠、醒则携手同行的往日友情，于怀旧叙事中凸显出对友人李白的深切思念之情。

世态人情

爱者，憎之始也；德者，怨之本也。

【注释】出自先秦《管子·枢言》。……者，……也，古汉语一种判断句形式，相当于"……是……"。本，根源。

【译文/点评】爱是恨的开始，恩德是怨恨的根源。此言爱尽便会生恨，恩尽便会生怨。这是世道人情之常态，可谓揭示得十分精辟。

爱之欲其富，亲之欲其贵。

【注释】出自汉·司马迁《史记·三王世家》引古语。

【译文/点评】爱一个人，就想使他财富多起来；亲一个人，就想使他地位高起来。此言人有重感情的特点，也有易于被情感左右的缺点。

爱之欲其生，恶之欲其死。

【注释】出自先秦《论语·颜渊》载孔子语。

【译文/点评】爱一个人，恨不得让他长生不老；恨一个人，巴不得他马上就死掉。此言人都有好走极端、不能理性冷静的人性弱点。

卑不谋尊，疏不间亲。

【注释】出自汉·韩婴《韩诗外传》卷三。卑，指地位低的人。谋，图谋、打主意。尊，指地位高的人。疏，指关系疏远的人、外人。间（jiàn），离间。亲，指有血亲关系的人。

【译文/点评】地位低的人不要打地位高的人的主意，外人不要离间别人家的骨肉亲情。此言说的是一种做人的世故。因为在中国的历史传统中，讲究尊卑有序、重视骨肉亲情，已经成为全社会公认的习俗与规范。因此，若有人想对此有所突破，必然会触犯众怒而没有好结果。

别人求我三春雨，我去求人六月霜。

【注释】出自明·冯梦龙《警世通言·桂员外途穷忏悔》。

【译文/点评】此言别人求你办事容易，你要去求别人办事就非常难。"三春雨"，是比喻易得；"六月霜"，是形容难求。此以春雨与夏霜为喻，形象生动地说明了人情世态冷淡的情状。

病多知药性，客久见人心。

【注释】出自唐·戴叔伦《卧病》。

【译文/点评】经常生病吃药，什么药治什么病都熟悉了；做客时间久了，就知道主人是否有真心欢迎之意。此以生病吃药为喻，说明做客、待客的人情世相。

不读书有权，不识字有钱，不晓事倒有人夸荐。

【注释】出自元·无名氏《朝天子·志感》。

【译文/点评】自古有句老话，叫做"一分耕耘一分收获"。其实，现实并不是那么理想化，是非颠倒、黑白混淆，也是世态人情的常态，现实中我们都可以有所见闻。因此，对世态人情作旷达的理解，自能减轻心头的怨气，轻装出发，走好自己的路，做好自己的事，相信公平总是有的，终究是会"一分耕耘一分收获"。

不怕该债的精穷，只怕讨债的英雄。

【注释】出自清·吴敬梓《儒林外史》第五十二回。该债，安徽方言，即欠债。精穷，极穷。英雄，指厉害、凶狠。

【译文/点评】此言讨债须用厉害的手段。这也是世俗人情的真实一面。

才不能逾同列，声不能压当世。

【注释】出自唐·柳宗元《与萧翰林俛书》。逾，超过。同列，同僚、同辈。

【译文/点评】此言意谓一个人的才学超过同辈，声誉盖过当世，就会遭人嫉妒而难以做人。这说的倒是世态人情的常态，因为嫉妒之心人皆有之，你太出众，就会让周围的人感到有压力。懂得这一点，那么杰出的人物就该知道如何低调做人了。

谗口交加，市中可信有虎；众奸鼓衅，聚蚊可以成雷。

【注释】出自清·程允升《幼学琼林·人事》。鼓衅，鼓噪寻衅。

【译文/点评】如果众人都进谗言诋毁，那么被攻击的人就是没有过错也有过错了，这就像是街上本无虎，众人都说有，大家也就相信有虎了一样。如果众奸人挑衅滋事，那么没事也会有事，天下不太平，这就像是千万只蚊子聚在一起嗡嗡叫，也会有雷声隐隐的效果一样。此言人言的可畏、人世的险恶，意在劝人为人处世当取谨慎的态度。

聪明得福人间少，侥幸成名史上多。

【注释】出自清·袁枚《遣怀》。

【译文/点评】此言有聪明才智的英才能够得志享福的很少见，而无德无才的小人得志成名却是历史上司空见惯的事。其意是说人类社会自古以来就存在着"英俊沉下僚，小人居高位"的不公现象，已成了世情之常态。

寸心万绪，咫尺千里。

【注释】出自宋·柳永《婆罗门令》。心，指思维（古人认为心是思维的工具）。

【译文/点评】心虽小却思虑极远极多，人在咫尺，却如千里相隔。前句言人想象力的丰富，后句言人心难测。

大海波涛浅，小人方寸深。海枯终见底，人死不知心。

【注释】出自唐·杜荀鹤《感遇》。

【译文/点评】此以大海与人心作比较，说明人心的险恶难测。

当面输心背面笑。

【注释】出自唐·杜甫《莫相疑行》。输心，形容掏心掏肺的真诚之态。背面，转过面。

【译文/点评】此言世人当面一套背后一套的虚伪之态。

盗虚声者多，有实学者少。

【注释】出自清·吴敬梓《儒林外史》第十回。

【译文/点评】此言欺名盗世、以不正当的手段骗取虚名的人居多，而有真才实学的人居少。这话揭示的不仅是清代世态的真实情况，也是所有时代现实生活中的真实情况，不然我们就不会反复强调"多做实事"、"莫逐虚名"之类的话了。

娣姒者，多争之地也。

【注释】出自北齐·颜之推《颜氏家训·兄弟》。娣姒(dì sì)，妯娌。兄妻为姒，弟妻为娣。……者……也，古汉语判断句形式之一，相当于"……是……"。

【译文/点评】妯娌之间是最易发生争端的。此言妯娌关系是最难处的关系。这是世俗人情，不可否认。

饿虎不食子，人无骨肉恩。

【注释】出自唐·孟郊《吊比干墓》。

【译文/点评】此由商纣王残杀忠心劝谏的叔父比干之事，将人与虎作比较，慨叹人不如禽兽的世态人情。

儿妇人口不可用。

【注释】出自汉·司马迁《史记·陈丞相世家》引古语。儿，小孩子。妇，女人。人口，话。用，听从。

【译文/点评】小孩子与女人的话是听不得的。此言妇女孩子的话多不可靠，不可轻信。这话虽然有些偏颇，但在某些情况下，也不是没有道理的。

迩来父子争天下，不信人间有让王。

【注释】出自唐·陆龟蒙《和袭美泰伯庙》。迩来，近来。让王，逊让王位。

【译文/点评】此言为了争夺天下和权位，自古以来就是没有父子之情的。揆之于中国历史，弑父杀兄之事不绝于闻，证明此言确实非虚。

翻手作云覆手雨，纷纷轻薄何须数。君不见管鲍贫时交，此道今人弃如土。

【注释】出自唐·杜甫《贫交行》。轻薄，不庄重。管鲍，指春秋时代的管仲与鲍叔牙。管仲家贫，鲍叔牙屡屡相助，合伙经商从不计较管仲多分钱财，后又推荐管仲为齐国之相。

【译文/点评】此诗通过现实人情的浇薄与古代管鲍之交的纯朴的对比，揭示了世风日下、人心不古的世道人情。

凡人之谈，常誉成毁败，扶高抑下。

【注释】出自晋·陈寿《三国志·蜀书·姜维传》。

【译文/点评】大凡世人有所谈论，总是常常喜欢赞誉成功者、诋毁失败者，意在扶持在上位者，压制在下位者。此言扶强抑弱、趋炎附势，是人情之常态。这是对人性弱点的批判，也是对世态人情真相的深刻揭示。

夫人之情安于其所为，无故而变其俗，则其势不从。

【注释】出自宋·苏洵《礼论》。夫，句首发语词，无义。

之，放在主谓语之间，取消句子的独立性。则，那么。从，顺从。

【译文/点评】人都有安于其所做事情的心理，因此无故改变他们的习俗，那么势必不能让他们顺从。此言习俗不易改变的世俗人情。

夫有尤物，足以移人。

【注释】出自先秦《左传·昭公二十八年》。夫，发语词，无义。尤物，指美女。移人，使人改变。

【译文/点评】此言美女能够使人意乱情迷、改变情性。用今天的话来说，就是：女人会使男人昏头。意在强调对美女务必要持警惕谨慎的态度，不要轻易亲近，以免误国误身。这是中国古代典型的"红颜祸水"论，不责怪男人没有把持力，却要把责任推给女人，是典型的大男子主义的偏见。

弗爱弗利，亲子叛父。

【注释】出自汉·刘安《淮南子·缪称训》。弗，不。利，指给好处。

【译文/点评】不爱护、不给好处，就是亲生的孩子也会背叛他的父亲。此言揭示了这样一个世俗的人间真理：人与人的关系都是建立在情感与利益基础之上的。

浮云世态纷纷变，秋草人情日日疏。

【注释】出自金·赵秉文《寄王学士子端》。

【译文/点评】此以浮云飘忽不定喻世态的变化莫测，以秋草日枯日疏喻人情的日益淡薄，形象生动地对世态之炎凉、人情之浇薄作了深刻揭示。

富贵则就之，贫贱则去之。

【注释】出自汉·刘向编《战国策·齐策四》。则，就。就，接近、靠近。之，他。去，离开。

【译文/点评】如果一个人富贵了，就会有人接近巴结他；如果一个人变得贫贱了，原来与他亲近的人就会离开他。此乃揭示人情世态真相之语。不过，应该承认的是，"嫌贫爱富"的心态自古及今便是世情的常态。

富贵则人争趣之，贫贱则人争去之。

【注释】出自南朝宋·范晔《后汉书·朱穆传》。趣，同"趋"。

【译文/点评】一个人富贵了，那么人人都争相投奔他；一个人贫困潦倒了，那么人人都争相离开他，避之唯恐不及。此语所揭示的世人嫌贫爱富、趋炎附势的世情真相，自古及今皆然。

功高成怨府，权盛是危机。

【注释】出自宋·王迈《读渡江诸将传》。怨府，怨恨的渊薮。

【译文/点评】此言功高、权盛都会招致他人嫉妒，从而危及自身的安全（包括地位、生命）。

功冠天下者不安，威震人主者不全。

【注释】出自南朝宋·范晔《后汉书·申屠刚传》。人主，指帝王。

【译文/点评】功劳冠绝天下之人，地位就会不稳；威势盖过帝王的人，就有生命之忧。此言功劳太大，就会招致同僚的嫉妒与排挤；威势太甚，就会招致人主的猜忌而有身家性命之忧。

古来才命两相妨。

【注释】出自唐·李商隐《有感》。

【译文/点评】自古以来，才华的有无与命运的顺逆多是相反的，故在现实中我们常见"庸人居高位"、"英俊沉下僚"的现象。明白了这一世情，作旷达的理解，也就释然于怀了。振作起来，走自己的路，做自己的事，是英俊之才自会有一番作为的，即使生不能得意，死也能青史留名。李白如此，杜甫如此，历史上无数才俊何尝不都是如此？

鬼门关外莫言远，四海一家皆兄弟。

【注释】出自宋·黄庭坚《竹枝词二首》之一。鬼门关，代指极偏险之地。四海，代指天下。

【译文/点评】人间若有真情在，走遍天涯不觉远。这是诗人被贬到涪州后，感于当地少数民族人民的友爱之情而发的感慨。

贵远而贱近者，常人之用情也；信耳而遗目者，古今之所患也。

【注释】出自晋·葛洪《抱朴子·广譬》。……者，……也，古代汉语的一种判断句形式，相当于"……是……"。

贵，以……为贵、重视。贱，以……为贱、轻视。患，忧患。

【译文/点评】重视遥远的东西而轻忽眼前的东西，这是人之常情；相信传闻而对眼前之事物视而不见，这是自古及今恒久的忧患。此言世人都有重远轻近、重耳轻目的弊病。俗语"远香近臭"、"外来的和尚会念经"等，说的正是此义，皆是指斥世态人情弊习的。

画虎画皮难画骨，知人知面不知心。

【注释】出自元·孟汉卿《魔合罗》第一折。

【译文/点评】此言乃是慨叹人心险恶莫测。意在提醒世人处世谨慎。

黄钟毁弃，瓦釜雷鸣；谗人高张，贤士无名。

【注释】出自先秦·屈原《楚辞·卜居》。黄钟，古代用青铜所制而用于奏乐的乐器。釜，古代的一种类似于锅的炊具。张，此指趾高气扬、得意傲人的样子。

【译文/点评】奏乐不用黄钟大吕，却把瓦盆铁锅敲得如雷震耳；谗言害人的小人飞扬跋扈，贤能之士却默默无闻。这虽是屈原所揭示的战国时代是非不分、黑白颠倒、小人得志、贤士受气的世态人情，也是很多时代世态人情的真实写照。

毁生于嫉，嫉生于不胜。

【注释】出自宋·王安石《读江南录》。毁，攻毁、诋毁。不胜，弱。

【译文/点评】一个人之所以要诋毁别人，那是因为嫉妒之心；之所以心生嫉妒，那是因为自己不及人家。此言人皆有因不及别人而心生嫉妒，进而诋毁别人的人性弱点。

家富则疏族聚，家贫则兄弟离。

【注释】出自先秦《慎子·内篇》。疏族，远亲。则，那么、就。

【译文/点评】家有万贯，远亲也要攀附过来；家贫如洗，兄弟也会相互背离。此言经济是维系人际关系的重要支点，其意是要揭示世态炎凉、人情浇薄的真实世情。

江上秋风无限浪，枕中春梦不多时。

【注释】出自宋·苏轼《次韵蒋颖叔》。

【译文/点评】前句以江上秋风掀巨浪作比，描写政治与仕途中的险恶情状；后句以枕中春梦不长久为喻，说明人世的繁华只是梦幻一场。意谓要看清世态人情，人生要有旷达超脱的境界。

江头未是风波恶，别有人间行路难。

【注释】出自宋·辛弃疾《鹧鸪天》词。

【译文/点评】此言江头的风波虽是险恶，但较之世态人情的险恶情形还是略逊一筹。意谓人心不古、世态险恶，为人处世实在不易。

交情老去淡如水，病骨秋来瘦似松。

【注释】出自宋·庆老《残句》。

【译文/点评】此以比喻手法写年老之时人情冷淡、大病过后瘦骨嶙峋的情形。

戒心之易忘，而骄心之易生。

【注释】出自宋·苏辙《陆贽》。之，放在主谓语之间，取消句子的独立性。

【译文/点评】此言一个人的警戒之心易于松懈，而骄傲之心则易于滋生。这也是人之本性，因此在为人处世时就要注意，时刻提醒自己莫放松警戒之心，莫滋生骄傲之情。

今之交乎人者，炎而附，寒而弃。

【注释】出自唐·柳宗元《宋清传》。之，放在主谓语之间，取消句子的独立性。乎，于。炎，热，此喻得势。附，趋近。寒，此喻失势。

【译文/点评】而今与人结交的，都是见到别人得势了就巴结上去，见到别人失势了就马上弃之而去。此言说的就是成语"世态炎凉"、"趋炎附势"的内涵，揭示的是世道人情的真相。

精诚所加，金石为开。

【注释】出自南朝宋·范晔《后汉书·广陵思王荆传》。

【译文/点评】此以夸张修辞手法强调说明真诚的力量最能感动人心。成语"精诚所至，金石为开"，即源于此。

酒肉弟兄千个有，落难之中无一人。

【注释】出自明·冯梦龙《古今小说·吴保安弃家赎友》。

【译文/点评】此言意在慨叹世上少有真情实意的朋友，常见的只有安乐时候的狐朋而无危难时节相助的挚友。

君门不可入，势利互相推。

【注释】出自唐·韩愈《将归赠孟东野房蜀客》。君门，君王之门，代指官场。推，此指排挤。

【译文/点评】此言官场之中常有为权势和利益而互相排挤、倾轧之事，因此是个不可轻易涉足的是非之地。此虽为劝慰朋友仕途失意之语，却也揭示出了自古以来的官场世态人情真相。

君子不畏虎，独畏谗夫之口。

【注释】出自汉·王充《论衡·言毒》。畏，怕。不畏虎，比喻什么都不怕。谗夫，说坏话的小人。

【译文/点评】品德高尚的君子是没有什么可畏惧的，所畏惧的只有好进谗言的小人之嘴。此言小人谗言远甚老虎的危害性，意在劝人慎防小人谗言。

口谈道德，而心存高官，志在巨富。

【注释】出自明·李贽《焚书·又与焦弱侯》。

【译文/点评】此乃李贽揭露那些口是心非的伪君子的话，指斥的虽是论战中所涉及的个别官场中人物心口不一的虚伪之态，却也反映了中国自古以来社会上层人士普遍的一种心态与做派，这就是：人人都想升官发财，但嘴上却总是羞于说出来。不但不说出来，心里想得要命，嘴上却要大谈道德，表面却要大显清高，盼着别人再三劝进，然后再装出无可奈何的样子为难地予以接受。

昆弟世疏，朋友世亲。

【注释】出自汉·王符《潜夫论·交际》。昆弟，兄弟。世，一生、一辈子。疏，疏远。

【译文/点评】兄弟之间一辈子疏远，而朋友之间一生相亲。此言有时朋友情谊反而比兄弟情谊持久的现象。这其间也有它的道理，因为兄弟之间难免有利益的冲突，而朋友之间则少了这层纠纷，所以朋友之情反而能持久。

邻富鸡长往，庄贫客渐稀。

【注释】出自唐·姚合《原上新居》。庄，庄园、住处。

【译文/点评】前句写鸡长往于殷富邻家的细节，意在说明"庄贫客渐稀"的原因，从而形象生动地揭示出世人嫌贫爱富、人情浇薄的世态真相。

落陷阱，不一引手救，反挤之又下石焉。

【注释】出自唐·韩愈《柳子厚墓志铭》。引手，伸手。焉，于之。

【译文/点评】别人落入陷阱，不但不伸出一只手救援，反而挤他下阱，再投之以石。此言意在揭示世道人心的险恶之状与人情浇薄的现实。成语"落井下石"，即源于此。

美女入室，恶女之仇。

【注释】出自汉·司马迁《史记·外戚世家》引谚语。恶女，丑女。

【译文/点评】美女进门，就会招致丑女的仇恨。此言女人天生有嫉妒之心，美女丑女势同水火。因为事关宠幸和利益。

面结口头交，肚里生荆棘。

【注释】出自唐·孟郊《择友》。结，交，皆是结交之意。荆棘，有刺的灌木，比喻心中不怀好意。

【译文/点评】此言乃在揭示世人结交的虚伪性：口头上是朋友，内心打着坏主意。

名为山人，而心同商贾；口谈道德，而志在穿窬。

【注释】出自明·李贽《焚书·又与焦弱侯》。山人，指隐居山中的隐士。商贾，做买卖的人。穿窬（yú），钻墙。

【译文/点评】既然要做隐士，那么就应该看淡金钱物质方面的诱惑；既然大谈道德，那么就别作穿墙越壁偷窃之想。这是自然之理，毋庸多说。可是事实上，自古以来，中国的社会上层人士却总有人违背这一常理，时有心口不一的虚伪之徒。这便是李贽要起而予以抨击的原因所在。

名之所存，谤之所归。

【注释】出自唐·韩愈《答刘正夫书》。谤，毁谤、攻击。

【译文/点评】有好名声在身的人，就是毁谤集中的对象。此言世人喜欢妒贤嫉能、容不得他人出头的恶劣心态。

莫嫌举世无知己，未有庸人不忌才。

【注释】出自清·查慎行《三闾祠》。

【译文/点评】此乃借说屈原之事，揭示了自古以来庸人得志、英杰被忌的世态真相。

木秀于林，风必摧之；堆出于岸，流必湍之；行高于人，众必非之。

【注释】出自三国魏·李康《运命论》。堆，水中沙堆。湍，水势急、急流的水。非，非议、攻击。

【译文/点评】林中有一树高于其他树木，那么它一定会首当其冲被狂风摧折；水中有沙堆高于堤岸，那么一定会首当其冲被急流冲掉；品德高过众人，众人一定会因嫉妒而非议中伤他。此以高木、沙堆为喻，形象生动地阐明了这样一个世态人情的道理：才高德隆肯定成为众矢之的，为众人所不容。俗语"枪打出头鸟"、"出头的椽子先烂"，说的正是这种世态人情。

年年点检人间事，唯有春风不世情。

【注释】出自唐·罗邺《赏春》。不世情，此指没有世俗气、不带偏见。

【译文/点评】此言春风吹醒大地、送来无限春光，却不带一丝功利色彩。这是通过赞颂春风而指斥人世间万事万物皆带功利性的世俗气。

鸟穷则啄，兽穷则攫，人穷则诈。

【注释】出自先秦《荀子·哀公》。穷，困窘。则，就。攫（jué），鸟用爪抓取、夺取。

【译文/点评】鸟被逼得走投无路之时就会用嘴啄人，兽到困窘之时就会用爪抓人，人到穷困潦倒之时就会设计骗人。此以鸟兽困窘之时的行为为喻，说明人到穷困潦倒之时便会放弃道德操守的原因。意谓人有诈伪之情，乃是生存压力的结果。因此，要解决人的道德问题，首先就要解决人的温饱等基本生存问题。

匹夫无罪，怀璧其罪。

【注释】出自先秦《左传·桓公十年》。匹夫，普通民众。其，他的。

【译文/点评】普通民众本无罪，但若怀藏玉璧，就是他的罪行了。此语原指钱财易使人招灾惹祸，后引申比喻因才高德隆而遭人嫉妒迫害。此与三国魏人李康所说的名言"木秀于林，风必摧之；堆出于岸，流必湍之；行高于人，众必非之"同义，皆是揭示世态人心之入骨三分之言。

贫贱亲戚离，富贵他人合。

【注释】出自明·冯梦龙《古今小说·木棉庵郑虎臣报冤》。他人，指外人，即非亲非故关系的人。

【译文/点评】此以"反衬"修辞手法，通过"贫贱"与"富贵"、"亲戚"与"他人"、"离"与"合"等三组语义形象在形式上的对仗，深刻地揭示了世人嫌贫爱富、趋炎附势的世态人情。

贫穷则父母不子，富贵则亲戚畏惧。

【注释】出自汉·刘向编《战国策·秦策一》。贫穷，贫困、潦倒。则，那么、就。不子，不以为子。畏惧，害怕、敬畏。

【译文/点评】此乃写战国时苏秦发迹前后所遭遇的世态人情：苏秦游说秦王失败，贫困潦倒地回到家，父母妻嫂都不认他；而当他游说六国之王成功、官为六国之相时，亲戚朋友都对他敬若神明，巴结唯恐不及。这种崇尚权势、嫌贫爱富的世态人情，其实也并不是苏秦一人所遭遇到的。自古及今，现实生活中都有着鲜活生动的例子。因为这是人之本性。俗语说："江山易改，本性难移。"因此只要有人类社会存在，这种世态人情就会永存。达观地看待，也就不怒也不怨，心平则气和矣。

其母好者其子抱。

【注释】出自先秦《韩非子·备内》。好，美好，此指得宠。

【译文/点评】母亲得宠，她的孩子也会多受疼爱。此言男人会因爱其母而及于其子的世俗人情，即人的"爱屋及乌"心理。

其所以见称于世者，亦所以取嫉于人。

【注释】出自宋·欧阳修《尹师鲁墓志铭》。其，代词，此指"见称于世者"。所以，（的）原因。见称于，被称赞。亦，也。

【译文/点评】他被世人称赞的原因，也就是他受人嫉妒的原因。此言德隆才高的人虽然会被称赞，但也易于受人嫉妒。此与三国魏人李康所说的"木秀于林，风必摧之；堆出于岸，流必湍之；行高于人，众必非之"的名言同义，皆是对世态人情本质的深刻揭示。

千里鹅毛意不轻。

【注释】出自宋·黄庭坚《谢陈适用惠送吴南雄所赠纸》。

鹅毛，代指极轻微的礼物。

【译文/点评】此言送礼不在多少、不在贵重与否，关键是表达一份对对方的敬重或亲近之情。宋人邢俊臣"物轻人意重，千里送鹅毛"（《临江仙》词）的诗句，还有今天我们常说的俗语"千里送鹅毛，礼轻情意重"，表达的都是这个意思。

强宾不压主。

【注释】出自明·施耐庵《水浒传》第十九回。

【译文/点评】此与俗语"强龙不压地头蛇"意义相同，皆是说明到了一个新环境要低调做人、切不可喧宾夺主而惹众怒的人情世故。

清官难断家务事。

【注释】出自清·吴敬梓《儒林外史》第二十九回。断，断讼、决案。

【译文/点评】此言家庭内部的纠纷是最难以决断其是非曲直的。

情面者，面情之谓也。

【注释】出自明·文秉《烈皇小识》卷一记周道登之语。……者，……也，古代汉语判断句的形式之一，相当于"……是……"。

【译文/点评】情面，就是见面之情的意思。俗语"见面三分情"，说的正是此意。

曲妙人不能尽和，言是人不能皆信。

【注释】出自汉·王充《论衡·定贤》。和，唱和、响应。言是，说出真相。

【译文/点评】曲调高雅妙绝，并不是有很多人能够欣赏理解的；一针见血地道出事情的真相与本质，也并不是能令所有人都相信的。此言曲高和寡乃是常事，揭示真相未必能让糊涂人了解。意在慨叹世上品味高雅者少、平庸糊涂者多的世情。

曲突徙薪无恩泽，焦头烂额为上客。

【注释】出自汉·班固《汉书·霍光传》。曲突，使烟囱弯曲。徙薪，将薪堆迁往他处。

【译文/点评】对建议弯曲烟囱、移走柴堆的人一点不存感激之情，而把拼命救火者待为上宾。此言世人多有不识大体、是非颠倒、好坏不分的弊病。这两句话讲的是这样一个故事：有一人到一家做客，看见主人家烟囱是直的，柴堆离烟囱很近，于是建议主人改直烟囱为弯烟囱，并将柴堆移到远离灶房的地方。主人听了不高兴，没听他的话。不久，烟囱吐火烧到柴堆，引发大火。邻居都来救火，幸好没酿成大灾。事后，主人大宴邻居，救火有功者都论功序坐，唯独没有请当初提出"曲突徙薪"建议的人。成语"曲突徙薪"、"焦头烂额"，皆源于此。

人间万事，毫发常重泰山轻。

【注释】出自宋·辛弃疾《水调歌头》词。

【译文/点评】毫发之微不足道，泰山之巍峨高大，世人皆知。词人却说"毫发常重泰山轻",是反其意而言之,意在揭示黑白颠倒的世态人情。

人面咫尺,心隔千里。

【注释】出自明·兰陵笑笑生《金瓶梅词话》第八十一回。

【译文/点评】此言经常见面的人也是彼此心有隔阂的。意谓世上没有什么可以真心相知的人。"咫尺",形容距离之近;"千里",强调心理隔阂之大。

人怕出名猪怕壮。

【注释】出自清·曹雪芹《红楼梦》第八十三回。

【译文/点评】此以猪长壮即要被杀比喻人出名便会招妒,形象地道出了人性的弱点与世态真情。

人情旦暮有翻复,平地倏忽成山溪。

【注释】出自明·刘基《梁甫吟》。翻复,翻覆、反复。倏(shū)忽,迅速、极快。

【译文/点评】此以平地与山溪转换之快来比喻人情反复之快,意在指斥人心不古、世态炎凉的现实社会。

人去不中留。

【注释】出自清·曹雪芹《红楼梦》第四十六回。

【译文/点评】此言一个人的去意已定,那是留不住的。

人生当贵显，每淡布衣交。谁肯居台阁，犹能念草茅？

【注释】出自清·陆次云《志感》。当，每当。贵显，富贵显要。淡，淡薄、忽视。布衣交，指贫贱之时结下的交情。居台阁，指做高官。犹，还。草茅，指贫贱未发达之时结交的朋友。

【译文/点评】此言揭示的是世人"一阔脸就变"、"富贵忘旧交"的世态人情。

人生世上风波险，一日风波十二时。

【注释】出自明·兰陵笑笑生《金瓶梅词话》第七十六回。

【译文/点评】此言人世险恶，风波无时不在。

人心莫厌如弦直，淮水长怜似镜清。

【注释】出自唐·李绅《初出沺口入淮》。莫厌，不厌、喜欢。长怜，永爱。

【译文/点评】喜欢人心如弦直，永爱淮河如镜清。此以比喻修辞手法表达对端正世道人心的殷切希望。

人心若波澜，世路有屈曲。

【注释】出自唐·李白《古风五十九首》之二十三。若，像。

【译文/点评】人心的难测，就像起伏不定的波澜；人生道路的坎坷，就像是道路一样崎岖不平。此乃感叹世道艰难、人心不古之言。

人心险于山川，难于知天。

【注释】出自先秦《庄子·列御寇》。于，比。

【译文/点评】人心比山川还要艰险，了解他人之心比穷究天的奥秘还困难。此乃感慨人心险恶、难于把握之辞。

人之多言，亦可畏也。

【注释】出自先秦《诗经·郑风·将仲子》。畏，怕。也，语气助词，这里表示肯定。

【译文/点评】人是社会动物，一言一行都会受到社会习俗或行为规范的约束。男女相爱，虽是天经地义，但也要受到种种社会习俗的规范与束缚。此二句是一位女子劝说她的情郎，别再整天翻墙逾垣来与自己相会，应当注意一下她的邻居的闲言碎语，别再为她增加心理负担与精神压力。此语虽说的是男女之情，却也说出一个千古不易的真理：人言可畏！

日中有钱人所羡，日夕饿死人谁怜？

【注释】出自清·屈复《邓通钱》。

【译文/点评】此写在有钱与无钱两种情况下、从"日中"到"日夕"短暂时间内所遭遇的世人眼光的转换，道出了世态人情的浇薄、炎凉真相。

柔则茹之，刚则吐之。

【注释】出自先秦《诗经·大雅·烝民》。茹，吃。

【译文/点评】柔软之物就吞下，刚硬之物则吐出。这话本是以吞吃食物为喻，批评世上一些人欺软怕硬的庸俗处世态度。后来也用以喻指一个人善于适应情势，随机应变地处理复杂的事情，带有褒义色彩。

弱者仁之助也，强者怨之归也。

【注释】出自南朝宋·范晔《后汉书·臧宫传》。……也，古代汉语的一种判断句形式，相当于"……是……"。

【译文/点评】弱者往往能得到别人的帮助与同情，而强者却往往遭到人们的妒忌而成为众矢之的。这说的也是世态人情的真相。因为凡人都有同情之心，也有妒忌之心，见弱者予以同情，发自本心，也是自我满足的心理表现；见强者而心生妒忌之意，那是因为强者势必要盖过自己一头，不仅会让自己的自尊心受损，更有强者会危及自己利益的现实考量。正因为世态人情如此，因此智慧的人处世常常采取低姿态，或是装傻、装弱，其实在现实生活中也是非常有用的。

三人成市虎，浸渍解胶漆。

【注释】出自汉·孔融《临终诗》。三人，泛指众人、多人。渍（zì），浸、泡。

【译文/点评】城中本无虎，但若是众口一词，那么大家也就相信真的有老虎了。胶、漆本来不溶于水，但若长久地被水浸泡，也会离解稀释的。此乃喻指人言可畏、众口铄金之世情。

世混浊而不清，蝉翼为重，千钧为轻。

【注释】出自先秦·屈原《卜居》。

【译文/点评】蝉翼几乎没有什么分量，但被认为有千钧之重；千钧之重人所皆知，却被认为没有分量，这是世道混浊不清的结果。这是屈原批评当时世道混浊之语，也是对古往今来皆有的是非不分之世态人情的实质所进行的一针见血的揭示。

世路山河险，君门烟雾深。

【注释】出自唐·刘禹锡《九日登高》。君门，君王之门，代指官场。

【译文/点评】前句以"山河"之险比喻世道的险恶，后句以"烟雾"之深比喻官场人情世态的变化莫测，形象生动地揭示了为人处世之艰难、行走官场之不易的世情真相。

世情薄，人情恶，雨送黄昏花易落。

【注释】出自宋·唐婉《钗头凤》词。

【译文/点评】此以黄昏雨打花落的景象与人情世态浇薄的议论并置，以景写意，以意衬景，不仅让人对景生叹，更让人感意而伤景，与词人达成情感的高度共鸣。

世情看冷暖，人面逐高低。

【注释】出自明·施耐庵《水浒传》第三十七回。

【译文/点评】此言世态人情的冷暖全看人的地位身份，好脸色与坏脸色是因人而异的。意在揭示人情的冷淡与世人的势利态度。

世情恶衰歇，万事随转烛。

【注释】出自唐·杜甫《佳人》。衰歇，指权势的消退。转烛，指摇摆不定的烛光。

【译文/点评】此言世态随着权势的兴衰而变化，人情就像摇摆不定的烛光。意在喟叹人心不古、世态炎凉。

世人结交须黄金，黄金不多交不深；纵令然诺暂相许，终是悠悠行路心。

【注释】出自唐·张谓《题长安壁主人》。纵令，即使、纵然。然诺，许诺。许，答应。行路心，如同行路的陌生人的心，指没有深交之意。

【译文/点评】此言虽是写唐代的人情世态，却也道出了自古及今人类普遍的人情世态真相，这便是重财轻义。俗语"有钱便是爹"、"有奶便是娘"，说得虽然夸张了点，却形象生动地描绘出了这种世态人情真相。

世人逐势争奔走，沥胆隳肝惟恐后。

【注释】出自唐·李颀《古行路难》。沥，滤、滴下。惟，只。

【译文/点评】此言世人攀龙附凤、趋炎附势而唯恐落后的心态。意在揭示人心之不古、世态之炎凉的人间真相。

世事洞明皆学问，人情练达即文章。

【注释】出自清·曹雪芹《红楼梦》第五回。洞明，洞察明白。练达，干练通达。即，就是。

【译文/点评】观察与了解世态人情，并掌握其运用法则，这就是学问，这就是文章。意谓学问与文章的学习并不是只有书本上才有，现实生活中的为人处世就是一门大学问，就是一篇大文章。明白此理，就叫通达世故人情，就会在现实生活中如鱼得水，活得有滋有味；不明此理，必在现实生活中遭遇坎坷。历史上许多才华横溢的人之所以能够青史留名而不得意于当世，正是因为他们不明此理，只能做好书本上的学问文章，却做不好生活中的"学问"、"文章"。

世俗之人皆喜人之同乎己，而恶人之异乎己也。

【注释】出自先秦《庄子·在宥》。世俗之人，指普通人。同乎己，与自己意见一致、赞同自己。恶，讨厌。之（第二个），放在主谓语之间，取消句子的独立性。异乎己，与自己意见不同、跟自己对立。也，句末语气助词。

【译文/点评】普通人都喜欢别人与自己看法相同，不喜欢别人与自己意见相左。此言普通人都没有容人的雅量。其意是提倡大家修身养性，培养听取不同意见的雅量。

世途旦复旦，人情玄又玄。

【注释】出自北周·庾信《伤王司徒褒》。旦复旦，一天又一天。玄又玄，非常玄妙难懂。

【译文/点评】此言社会风气一天又一天（地变坏），人情世态变得复杂而玄妙。意在感叹世风日下，人心不古。

世味年来薄似纱，谁令骑马客京华。

【注释】出自宋·陆游《临安春雨初霁》。世味，指人情世态。年来，近年来。京华，此指南宋之都临安（今浙江杭州）。

【译文/点评】此言做客京都，更觉世态人情的浇薄。众所周知，自古以来，大都市的人情世态总是不及穷乡僻壤淳厚质朴。因为人多之处，便是争斗、倾轧之所。这是世情，也是现实。

势败休云贵，家亡莫论亲。

【注释】出自清·曹雪芹《红楼梦》第五回。

【译文/点评】权势败落就别再说尊贵之时的往事，家破之时别指望还有骨肉亲情。此语意在揭示世态无常、人情浇薄的真相。

势在则威无不加，势亡则不保一身。

【注释】出自晋·陈寿《三国志·魏书·袁绍传》裴松之注引《献帝传》。势，权势。则，就。

【译文/点评】有权势就无所不能，失去权势则连自身也难保。此言有权势与无权势所遭遇的不同境遇。

事修而谤兴，德高而毁来。

【注释】出自唐·韩愈《原毁》。

【译文/点评】事情办好了，诽谤也就随之而来；德高于众，毁誉之言就在所难免。这是韩愈所揭示的人性的弱点与败坏的世态人情真相，说的虽是古代，但在现代乃至未来，恐怕仍是事实。

事无两样人心别。

【注释】出自宋·辛弃疾《贺新郎》。

【译文/点评】此言同样的一件事，不同的人却有不同的看法。意在强调不同的人有不同的看问题的角度与方法。

四海为兄弟，谁为行路人。

【注释】出自汉·无名氏《诗四首》之一。四海，指代天下。

【译文/点评】此言四海一家，天下就没有行路艰难的感叹了。

松柏隆冬悴，然后知岁寒；不涉太行险，谁知斯路难。

【注释】出自晋·欧阳建《临终诗》。悴，憔悴、枯死。岁寒，天气冷。涉，跋涉、行走。斯，这。

【译文/点评】此以冻死松柏的严冬、坎坷崎岖的太行山道作比，说明诗人所处时代政治环境的险恶以及仕途的凶险。

所荣者善行，所耻者恶名。

【注释】出自宋·王安石《拟上殿进札子》。

【译文/点评】人们都以有善行而引以为荣，而以有坏名声而感到可耻。此言人性中有好善弃恶的本性。

天道夷且简，人道险而难。

【注释】出自晋·陆机《君子行》。夷，平。简，简易。

【译文/点评】此以"天道"与"人道"对比，强调世道之险难，意在警醒世人当谨慎处世。

天地莫生金，生金人竞争。

【注释】出自唐·孟郊《吊国殇》。

【译文/点评】此言钱财是引发人们钩心斗角、相互争夺的根源。同时揭示了这样一个世态人情真相：在财货面前，人性的弱点立即会暴露无遗。

天下熙熙，皆为利来；天下攘攘，皆为利往。

【注释】出自汉·司马迁《史记·货殖列传》。熙熙、攘攘，都是形容人来人往、非常热闹的景象。

【译文/点评】天下芸芸众生，熙熙攘攘混迹于世上，无非都是为了一个"利"字。这是司马迁对自古以来人们"重利好货"之世态人情的深刻揭示，确是颠扑不破的真理。

痛不著身言忍之，钱不出家言与之。

【注释】出自汉·王充《论衡·定贤》。著身，在身。出家，由自己出。与，给。

【译文/点评】疼痛不在自己身上说让人忍着，钱财不由自己付出说让人给予。此语意在批评世人大多不能设身处地从他人角度看问题的通病，此与俗语所言"站着说话不腰痛"同义。

土居三十载，无有不亲人。

【注释】出自明·冯梦龙《警世通言·俞伯牙摔琴谢知音》。

【译文/点评】此言在一个地方住久了，自然亲友也就多了。

万两黄金容易得，知心一个也难求。

【注释】出自清·曹雪芹《红楼梦》第五十七回。

【译文/点评】此以"万两黄金"与"知心一个"作对

比，在夸张中强调说明了世上少有知心朋友的世俗人情。

为人莫作妇人身，百年苦乐由他人。

【注释】出自唐·白居易《太行路》。

【译文/点评】此言女人是世上最悲苦的人，命运不由自己掌握。这是作者为天下女人抱不平的话，对女人所遭遇的不公正的社会境遇寄予深切的同情。

唯女子与小人为难养也。近之则不孙，远之则怨。

【注释】出自先秦《论语·阳货》。唯，只有。小人，指道德低下者。难养，指相处。之，指示代词，他。近，亲近。孙，同"逊"，指谦虚。则，就。远，疏远。

【译文/点评】只有女子与小人是最难相处的。亲近他们，他们就会无礼；疏远他们，他们又会怨恨。这是孔子对女子与小人在为人处世方面的认识。虽有贬斥女性之嫌，但从女性性格特征上看，也不完全没有道理。现实中我们常有"女人难缠"、"好男不跟女斗"，说的也是由女性的性格特征而发的感叹。至于"小人"，孔子所说没错。今天我们在为人处世中，记取孔子的这番教导，未尝没有参考意义。

唯有落花无俗态，不嫌憔悴满头来。

【注释】出自唐·刘禹锡《陪崔大尚书及诸阁老宴杏园》。

【译文/点评】此言只有落花没有世俗的偏见，不分老少、不管穷通地把花洒到每个人的头上。意谓世俗之人多是趋炎附势之辈，嫌弃老人，嫌弃失意之人。

文籍虽满腹，不如一囊钱。

【注释】出自汉·赵壹《秦客诗》。文籍，文章书籍，此代指学问。囊，袋。

【译文/点评】满腹经纶，还不如有一袋钱管用。此言世人有重金钱、轻学问的明显倾向。这说的虽是汉代，反映的却是自古及今、历久不变的世态人情。

文章憎命达。

【注释】出自唐·杜甫《天末怀李白》。命达，命运亨达。

【译文/点评】这是杜甫为李白怀才不遇的命运而悲叹之句，表面只是说李白文学才华那么好却被命运所捉弄的个人际遇，实则揭示了人的才华与人的际遇之间深刻的矛盾现实。有文学才华或有特别才干的人往往仕途不通，空有满腹经纶而喟叹，这在历史上是屡见不鲜的。这种现象看似不可思议，实则有其深刻的社会原因。因为有才华或才干者，要么因恃才傲物的个性而不能见容于平庸之辈，要么因才高逼人而令众人油然而起妒忌、谗害之心。因此，在现实生活中，业务好、有才干的人，应该懂得这个道理，并对此社会现实作达观的看待。

无德于人，而求用于人，罪也。

【注释】出自先秦《国语·晋语四》。德，恩德。也，句末语气助词，帮助判断。罪，罪过。

【译文/点评】没有恩德于人，而想让别人重用自己，这是错误的想法。此言人与人之间的关系是建立在相互帮助的基础之上的。这确是真实的人情世故。

戏场也有真歌泣，骨肉非无假应酬。

【注释】出自清·俞樾《齐物诗》。

【译文/点评】此以戏场不乏真情来反衬骨肉反无真情，使人更能对世态人情的真相有深刻的理解。

相识满天下，知心能几人？

【注释】出自明·冯梦龙《警世通言·俞伯牙摔琴谢知音》。

【译文/点评】此言彼此相识并非就是朋友，真正知心的朋友是难得一见的。意在慨叹世情浇薄、人心不古。

小人溺于水，君子溺于口，大人溺于民。

【注释】出自汉·戴圣《礼记·缁衣》。小人，指普通民众。君子，此指道德高尚之士。大人，此指君主。溺，淹没、覆灭。

【译文/点评】普通民众最容易因溺水而亡命，道德高尚之士最容易被无端的诽谤所中伤，国君最怕的是被民众反对而亡国。此言不同的人有不同的忧虑，同时也指明了民心不可违、德高于众易受伤的道理。

孝衰于妻子。

【注释】出自先秦《邓析子·转辞》。衰，衰退。妻子，老婆、孩子。

【译文/点评】对父母的孝顺会因有了老婆孩子而有所衰退。此与民间俗语"有了老婆忘了娘"所说义同，皆道出了世道人情的真相。

笑啼俱不敢，方信作人难。

【注释】出自南朝陈·乐昌公主《饯别自解诗》。方，才。

【译文/点评】此言哭笑不自由，甚至会招致不测。意在慨叹世情险恶、做人不易。

眼边无俗物，多病也身轻。

【注释】出自唐·杜甫《漫成二首》。俗物，指俗人。

【译文/点评】此写诗人老病无人探访，虽显寂寞倒也轻松的心情，其意是慨叹世态炎凉的人情世故。

一沉一浮会有时，弃我翻然如脱屣。

【注释】出自唐·李欣《缓歌行》。会，一定、必定。屣（xǐ），鞋。

【译文/点评】官场之上总会时有沉浮，升官晋爵时众人趋之若鹜，罢官去职时众人弃之如敝屣。此语乃是揭示官场之上势利炎凉的真相。

一旦临小利害，仅如毛发比，反眼若不相识。

【注释】出自唐·韩愈《柳子厚墓志铭》。反眼，翻脸。

【译文/点评】一旦遇到小小的利害关系，哪怕仅仅像毛发那么细小，也会翻脸如同不曾相识的陌路人。此言乃是揭示世人在利害关系发生冲突时毫无情义的世态人情。

一斗米养个恩人，一石米养个仇人。

【注释】出自清·吴敬梓《儒林外史》第二十二回。

【译文/点评】此言小的恩惠使人感戴，大的恩惠反而让人记仇的世态人情，其所揭示的是人的欲望难以满足、过分好意有时反而不得好报的世俗真情。

一解市头语，便无乡里情。

【注释】出自唐·元稹《乐府古题·估客乐》。解，懂得。市头语，指生意经。

【译文/点评】此言懂得做生意的道理，便会只认钱而不认人，乡情与人情味便淡了。意谓做生意会改变一个人的人生观与人情味。

一年三百六十日，风刀霜剑严相逼。

【注释】出自清·曹雪芹《红楼梦》第二十七回。

【译文/点评】此乃小说中人物林黛玉《葬花词》中的一句，借风霜如刀剑般摧残花朵，暗指世道人心的险恶。

一日天无风，四溟波尽息。人心风不吹，波浪高百尺。

【注释】出自唐·唐备《失题二首》之二。溟，海。

【译文/点评】此以自然界"无风水无浪"的景象与"无风浪百尺"的人心对照，意在突出强调人心的险恶程度与世态人情的浇薄真相。

一生肝胆向人尽，相识不如不相识。

【注释】出自唐·顾况《行路难三首》之一。肝胆，指肺腑之言。尽，倾诉。

【译文/点评】此言世情浇薄、知音难遇的痛苦之情。

一生所遇唯元白，天下无人重布衣。

【注释】出自唐·徐凝《自鄂渚至河南将归江外留辞侍郎》。唯，只有。元白，指唐代诗人元稹、白居易。布衣，平民。

【译文/点评】此言世人严重的"官本位"心态与风习。

一死一生，乃知交情；一贫一富，乃知交态；一贵一贱，交情乃见。

【注释】出自汉·司马迁《史记·汲郑列传》载廷尉翟公撰写的联语。乃知，才知道。

【译文/点评】此言在生死、贫富、贵贱等交替变动的关键时刻，才能看出人情世态的本质。这是汉廷尉翟公在解职归乡即将复出之前，感慨于罢官时门可罗雀、复出时门庭若市的世态人情而写于门上的联语。意谓交情的深浅与真假，只有到了关键时刻才能得以检验。意指世道人心本就险恶，世态炎凉乃是常态。可谓一语说尽了人间世态炎凉的世情，让人为之不胜唏嘘。

一朝谢病还乡里，穷巷苍苔绝知己。

【注释】出自唐·李颀《行路难》。谢病，此指因病而辞职。

【译文/点评】一旦因病辞官还乡，原来的知己也不上门了，穷巷门前都长满了绿苔。此乃感叹人情无常、世道浇薄之辞。

衣不如新，人不如故。

【注释】出自汉·无名氏《古艳歌》。

【译文/点评】此以新衣与故人作对比，强调故人友情的可贵。

衣莫如新，人莫如故。

【注释】出自先秦《晏子春秋·内篇杂上五》。

【译文/点评】衣服不如新的好，朋友没有旧交好。此言意在强调人在情感上都有恋旧的倾向。

意有所之，事无不克。

【注释】出自唐·刘禹锡《贺赦表》。之，至、到。克，战胜、成功。

【译文/点评】心中所想到的事情都能成功。此乃世俗人情都向往的境界，与今日我们所说的"心想事成"同义。

由来骨鲠材，喜被软弱吞。

【注释】出自唐·韩愈《送进士刘师服东归》。由来，从来、自古以来。骨鲠材，指刚直不阿之人。喜，此指容易。软弱，指小人、奸佞之徒。

【译文/点评】君子受欺，小人得志，这在任何社会都是客观存在的现实。这虽不是韩愈的独到发现，却是他首次以诗句的形式作了深刻的揭示。

有高人之行者，固见负于世；有独知之虑者，必见骜于民。

【注释】出自先秦《商君书·更法》。高人，高于人。固，固然、本来。见，被。负，违背。独知，指有独到之见。必，一定、必然。鷔（ào），傲慢。

【译文/点评】有品行高于众人的人，不为世人所容是可以预见的；有独到之见、卓尔不群的人，必然会受到平庸的众人反对。这是商鞅所揭示的战国时代的世道人情的真相。商鞅的这番话虽是为了清除变法道路上的障碍而说的，却并不是凭空编造的，而是深刻地道出了自古以来人性的弱点及其世态人情的真相。此与三国魏人李康所说的名言"木秀于林，风必摧之；堆出于岸，流必湍之；行高于人，众必非之"（《运命论》）同义。

与人以实，虽疏必密；与人以虚，虽戚必疏。

【注释】出自汉·韩婴《韩诗外传》。与，给。实，指实在的好处。虽，即使。疏，指关系疏远的人。必，一定。虚，指空口许诺的好处。戚，亲戚。

【译文/点评】给他人以实实在在的恩惠，即使是关系疏远的人也一定会变得关系密切起来；反之，给他人只是空口许诺，即使原来是亲戚也会变得关系疏远。此言人与人之间的关系是建立在一定的利益之上的，这是真实的世俗人情。

誉见即毁随之，善见即恶从之。

【注释】出自先秦《文子·符言》。见，现。即，就。

【译文/点评】有了名誉，攻击诋毁就会随之而来；有善行表现，就会有嫉妒之言随之而来。此言嫉妒之心乃人性固有的弱点。意在劝世人越是德高于众、才高于人，越要低调做人。否则，做人就会更难。

远不间亲，新不间旧。

【注释】出自先秦《管子·五辅》。间（jiàn），疏远、离间。亲，父母、亲人。

【译文/点评】外人离间不了父子、母子亲情，新交亲不过故交。此言父母与子女之间的关系最亲近，朋友关系中老友胜过新友。意在提醒世人千万别做离间他人骨肉亲情与老友旧交的事。

越聪明越受聪明苦，越痴呆越享痴呆福，越糊突越有糊突富。

【注释】出自元·马致远《荐福碑》。糊突，糊涂。

【译文/点评】此言虽是意在宣扬"富贵由天定，半点不由人"的命运决定论，但现实中确有这种情况，故俗语才有"聪明反被聪明误"、"傻人有傻福"、"糊涂大发财"之类的说法。这表面上看没有道理，其实，从人情世态分析还是有其道理的。聪明人难免要自作聪明，结果会让人敬而远之或畏而谗之，命运颠倒自然在意料之中；痴呆之人不会让人觉得有心机，无人与之争锋，聪明人之间争夺的结果往往两败俱伤，结果让痴呆之人坐收了渔人之利，这也是常有之事；糊涂人不会算计，常常谨守本分，出一份力挣一份钱，天长日久，也能发家致富。而聪明人总算计，总想投机取巧，一夜暴富，这就难免会有失算之时。因此，生活中我们常会看到失算的聪明人最后却要输给本分的糊涂人。

云漫漫兮白日寒，天荆地棘行路难。

【注释】出自明·刘永锡《行路难》。兮，句中语气助词，相当于"啊"。

【译文/点评】白云悠悠，艳阳在天，这本是令人愉快、让人温暖的景象；但是，在诗人却有寒冷之感，眼中的天地之间都是荆棘，这是何故？答案便是最后三字"行路难"。何谓"行路难"？世态人情薄，为人处世难。前句写景，后句评论，以景写意，以意显景，生动形象地写出了世事艰难、人情浇薄的社会现实真相。

曾参岂是杀人者，谗言三及慈母惊。

【注释】出自唐·李白《答王十二雪夜独酌有怀》。及，到。

【译文/点评】曾参是孔子的学生，以孝道闻名于世。但是，有一天，突然有人向曾母报告曾子杀人，曾母大惊失色，不敢相信。但是，当接二连三有人来报告时，曾母还是相信了。此两句诗即是吟咏此事，意在感慨世道的险恶与人言的可畏。

朝露贪名利，夕阳忧子孙。

【注释】出自唐·白居易《不致仕》。朝露，比喻年轻之时。夕阳，比喻年老之时。

【译文/点评】此言人在年轻时贪恋名利，年老时则忧虑子孙将来的心态。

朝真暮伪何人辨，古往今来底事无。

【注释】出自唐·白居易《放言五首》。底事，何事。

【译文/点评】早上道貌岸然像个正人君子，晚上就成了阳奉阴违的伪君子，古往今来什么事没有？此言是慨叹世态人情的虚伪。

真伪因事显，人情难豫观。

【注释】出自晋·欧阳建《临终诗》。豫观，预见。

【译文/点评】人情的真伪只有因事而显，人心的险恶、世道的艰险，是难以预见的。这是诗人临终前对世道人心的洞悟之词，可谓是切身体会，字字带血。

志道者少友，逐俗者多俦。

【注释】出自汉·王符《潜夫论·实贡》。俦（chóu），伴侣。

【译文/点评】有志于追求"道"的就很少有朋友，追逐世俗趣味的伙伴就很多。意谓求道者少、求利者多是世俗人情的常态。也就是说，志存高远的高人少，庸俗低级的俗人多。此与"曲高和寡"之义略同。

众口可以铄金，谗言三至，慈母不亲。

【注释】出自三国魏·曹植《当墙欲高行》。谗言三至，是用曾子的典故。曾参是孔子的学生，以孝道闻名于世。但是有一天，接二连三有人向曾母报告曾子杀人，曾母最终还是相信了。

【译文/点评】众人的嘴巴足以使金子熔化，谗言听多了，慈母也不相信儿子是清白的。此以众口铄金为喻，结合"曾参杀人"的典故，形象地说明了世道的险恶与人言的可畏。

众口铄金。

【注释】出自先秦《国语·周语下》。铄（shuò），熔化金属。

【译文/点评】众人的嘴巴能把金子熔化。此以夸张修辞手法说明众口一词便有足以颠倒是非的力量，意在感叹人言的可畏。

众口铄金，浮石沉木。

【注释】出自晋·陈寿《三国志·魏书·孙礼传》。铄（shuò），熔化金属。浮石，使石头浮起来。沉木，使木头沉下去。

【译文/点评】众人的诋毁之言足以使金子熔化，使石头浮起水面，使木头沉下水底。此以夸张修辞手法形容众人诋毁之言的力量，形象地说明了人言之可畏。

众口铄金，积毁销骨。

【注释】出自汉·司马迁《史记·张仪列传》。铄，熔化。销，熔化金属。

【译文/点评】众人的嘴巴能够把金子熔化，众人的毁谤能让一个清白的人毁灭得连骨头也不剩。此以比喻与夸张修辞手法，极言人言的可畏。意在劝人处世务须谨慎，防止小人谗言毁誉。

众口铄金，三人成虎。

【注释】出自先秦《邓析子·转辞》引古语。铄，熔化。三人，指众人。古代"三"表示"多"的概念。

【译文/点评】如果众口一词，那么就是金子也能被熔化；街上本无虎，但许多人都说有，那么大家就会相信街上真有虎了。此言乃是感叹人言的可畏，意在劝人慎防被小人暗算。

众口所移，毋翼而飞。

【注释】出自汉·刘向编《战国策·秦策三》。移，传。毋，不要。

【译文/点评】此言人们口耳相传的话，比长了翅膀的鸟飞得还要快。意谓世人有好嚼舌头的毛病。此言意在告诫世人：话虽不长脚，但不管是好话还是坏话，传播的速度却都是非常快的。因此，为人处世说话务须谨慎。

主雅客来勤。

【注释】出自清·曹雪芹《红楼梦》第三十二回。

【译文/点评】此言主人高雅是吸引客人常来的原因。这话可能是对文人或士大夫而言，对于普通百姓，可能是"主人热情，客人常来"。

酌酒与君君自宽，人情翻覆似波澜。

【注释】出自唐·王维《酌酒与裴迪》。

【译文/点评】人情反复无常是自古常情，并不值得奇怪，更不必为之感慨，还是今日有酒今日醉，过好日子是正经。此语虽只是王维劝慰失意朋友的话，表现了诗人达观的人生态度，同时也道出了世态人情的真相：世态炎凉，人情翻覆。早上你有权有势时宾客如云、门庭若市，晚上你失意落败时则人人敬而远之，避之唯恐不及。"翻覆似波澜"，是比喻，也是夸张，形象而生动地强调了人情冷暖变化之大。

自古山水尚有个相逢之日，岂可人不留个相与。

【注释】出自清·吴敬梓《儒林外史》第十四回。与，结交。相与，指朋友。

【译文/点评】此言做人不可太过绝情，应该留些人情与回旋的余地。民间有俗语"三线留一线，日后好见面"，说的正是此意。

昨日屋头堪炙手，今朝门外好张罗。

【注释】出自唐·白居易《放言五首》。堪，能、可以。炙手，烫手，此喻权势浩大。张罗，张网捕鸟，此喻冷落、冷清的情形。

【译文/点评】此以一个人得势时势焰张天与失势后门可罗雀的情形对比，生动形象地诠释了世态之炎凉。